鹿氏学旨考

——鹿善继《四书》学研究

赵泽明　著

吉林大学出版社

·长春·

图书在版编目（CIP）数据

鹿氏学旨考：鹿善继《四书》学研究 / 赵泽明著. --
长春：吉林大学出版社，2023. 10
ISBN 978-7-5768-2548-0

Ⅰ.①鹿… Ⅱ.①赵… Ⅲ.①四书-研究 Ⅳ.
①B222. 15

中国国家版本馆 CIP 数据核字（2023）第 221571 号

书　　名　鹿氏学旨考——鹿善继《四书》学研究
　　　　　LUSHIXUE ZHIKAO——LU SHANJI《SI SHU》XUE YANJIU

作　　者　赵泽明　著
策划编辑　黄忠杰
责任编辑　宋睿文
责任校对　田　娜
装帧设计　周香菊
出版发行　吉林大学出版社
社　　址　长春市人民大街 4059 号
邮政编码　130021
发行电话　0431-89580028/29/21
网　　址　http：//www. jlup. com. cn
电子邮箱　jdcbs@ jlu. edu. cn
印　　刷　天津鑫恒彩印刷有限公司
开　　本　787mm×1092mm　　1/16
印　　张　8. 75
字　　数　150 千字
版　　次　2025 年 1 月　第 1 版
印　　次　2025 年 1 月　第 1 次
书　　号　ISBN 978-7-5768-2548-0
定　　价　68. 00 元

前　言

鹿善继（1575—1636），字伯顺，号乾岳，今河北定兴人，万历四十一年（1613）进士出身，历官户部山东司主事、兵部职方司主事、太常寺少卿等职，崇祯九年（1636）守城拒清死难，谥"忠节"。鹿善继师承北方王门第三代学者王以悟和晚明名臣徐光启，与孙承宗、孙奇逢及诸多东林党人过从甚密，是晚明北直隶地区学术的主要发起者和代表人物之一。鹿善继的学术思想本之陆王，兼融程朱，讲究"下学而上达"，"由博而返约"，并以之立身、讲学、从政，转玄谈为践行，本道学而兼经济，表现出学术转型的时代特色和燕赵文化的地域特征。

《四书说约》乃是鹿善继晚年所作，为其一生思想的凝聚。其对《四书》经典的解释，多处表现出明清易代之际的士大夫阶层讲究经世致用的独到理解和其沙场经历的狂骨豪情，这一点与同为阳明后学的龙溪、绪山诸君子颇为不同。鹿善继教授生徒教本首为其所著《四书说约》，门弟子认为"《说约》一书，句句据先圣之心法，句句针后学之顶门"，是最能体现鹿氏学旨的。本书从梳理鹿善继的生平时代及学术著作入手，通过选取典型章目，依《大学》《中庸》《论语》《孟子》之次序，考察鹿善继《四书说约》，一是通过阐述鹿善继以心为体，以"真"为"仁"，以"博约"两进为修养工夫，以"孔颜乐处"为教学宗旨，展示其以王为本、兼融朱王的学术特征；二是利用文本的形式更清晰地掌握其《四书》学思想的基本内容和典型观点，并通过与朱熹和王阳明等对《四书》相应文本的解释作深入对比，突出时代演变下的《四书》学流变，展现以鹿善继为代表的晚明河北王学秉承经世致用精神对传统经典的解释模式；三是阐述鹿善继对诸理学概念的认知，尤其是对"礼"的重视，展现其经学转向。

总体来看，理学与《四书》学的联系，深刻地表现了中国思想史与中国学术史相互依托的关系。鹿善继作为阳明学的传承者与修正者，其《四书说约》以文本注释形式表现了宋明理学发明到明末的转型现象和转型的内在理路；而其融通朱王、反约认理的学术思想特色则为河北王门的学术传承作了时代性的总结。

赵泽明

2023 年 8 月

目　　录

导　论

一、江村渔隐与《四书说约》

　　鹿善继，字伯顺，号乾岳，晚年自号江村渔隐，今河北定兴人，生于万历三年（1575），万历四十一年（1613）进士，历官户部山东司主事、兵部职方司主事、太常寺少卿等职。崇祯九年（1636），清兵进攻定兴，鹿善继守城死难，赠大理寺卿，谥"忠节"。鹿善继是晚明北直隶地区学术的主要发起者和代表人物之一，与孙承宗、孙奇逢及诸多东林党人过从甚密。从学术来看，鹿善继的学术思想本之陆王，兼融程朱，讲究"下学而上达"，"由博而返约"，并以之立身、讲学、从政，转玄谈为践行，表现出学术转型的时代特色和燕赵文化的地域特征。

　　鹿善继一生著述颇丰，主要包括：《四书说约》三十三卷，作于晚年，为其一生思想的凝聚。目前保存于世的主要有五个版本：一为明末刻本，此版不分卷，现由山东师范大学图书馆收藏；二为直隶总督采进本，收录于乾隆朝编的《四库全书》；三为清道光廿四年（1844）刻本，收录于《续修四库全书》经部第一百六十二卷中；四为清道光廿八年（1848）刻本，现藏于南京图书馆等地；五为清咸丰十一年（1861）吴兴留余草堂刻留余草堂丛书本。《四书说约》中收有主旨性的篇目《认理提纲》和《寻乐大旨》，主要内容是鹿善继的教学思想、为学路径和处事态度。《认真草》共辑录文献十五种，是鹿善继的文集，内容包括《金花始末》《马房本末》《籽粒本末》《扶孤始末》《箧余》《农曹草》《粤东盐法》《福建盐法》《读礼草》《待放草》《典饷草》《枢曹草》《榆关草》《再归草》和《奉常草》。主要有四个版本：一为清代鹿传霖抄本，现由北京大学图书馆收藏；二为清光绪五年（1879）定州王氏谦德堂刻畿辅丛刊本；三为《明别集丛刊》第五辑第二十册收录的清刻本；四为王云五主编，商务印书馆发行的一九三六年版，有句读，收录于《丛书集成初编》中。另有明崇祯七年（1634）刻本，目前已散佚。《鹿忠节公集》共二十一卷，为鹿善继奏章、书信、文章等汇编。主要有三种版本：其一是《续修四库全书》集部第一千三百七十三册收录清刻本；二为《中国稀见史料》第五至六册收录清乾隆以后刻本；三为清潘氏袁江节署本，收录于潘锡恩《乾坤正气集》中。《三归草》共二卷，主要版本为天津图书馆藏清刻本。《无欲斋诗钞》一卷，主要有两个版本：一为湖北省图书馆藏清刻本，收录于《四库全书存目丛书》集部第一百八十四册；二为直隶总督采进本，于乾隆间编《四库全书》所收录。《寻声谱》一卷，为清光绪二十三年（1897）刻本，现收藏于中国国家图书馆。《后督师纪略》十卷，为鹿善继与杜应芳合撰，见于《稀见明史史籍辑存》第十二册，乃为清抄本的影印本。《明史·艺文志》注录有《鹿善继文稿》四卷，《千顷堂书目》注录有《鹿善继鹿太常文选》四卷，恐是一书，然皆未详其内容及传布。

关于鹿善继的传记，最重要的有以下五种：一是鹿善继弟子陈鋐［陈鋐的"鋐"字，有些著作，如商务印书馆1937年版《鹿忠节公年谱》中，曾写作"鈜"字。本书从清康熙六年（1667）寻乐堂刻本，写作"鋐"字］详细编纂的《鹿忠节公年谱》，全文三万字左右，乃陈鋐康熙丁未年（1667）腊后所作，现今主要有三个版本：一为清康熙六年寻乐堂刻本；二为清光绪间定州王氏谦德堂刻畿辅丛刊本；三为王云五主编，商务印书馆发行的1937年版，收录于《丛书集成初编》中。二是黄宗羲的《明儒学案》，其将鹿善继置于《诸儒学案》，点出了鹿善继学问的心学底色以及文章性道、学术事功皆融为一体的为学方法论[1]；三是《明史·鹿善继传》，其中先后记载了鹿善继的金花银事件、督师辽东事件、挽救东林诸君子的事件及最终殉国的事件，评价鹿善继"英风节烈，固不可泯灭于宇宙间矣"[2]；四是查继佐的《明书》，其将鹿善继置于《抗运诸臣列传》中，与孙承宗合传，从保辽"一事权"的角度，表达了对孙承宗和鹿善继的惋惜之情[3]；五是陈鼎撰写的《东林列传·鹿善继传》，传中记述了鹿善继的生平经历，特别是其与诸多东林党人的过从，并由此评价鹿善继的学问得程朱之传。认为鹿善继的教学理念是以认理为根，主敬为本，总体是程朱理学的内在理路[4]。此外，其若干文章还收录于周亮工编的《明三百家尺牍》中。

总体来说，鹿善继的著述颇丰，但大多是尚未进行系统点校整理的材料，学术界对此关注尚少，加之鹿善继的思想上承北方王门，下又与孙奇逢一体对河北地域学术影响甚巨。据此，笔者认为，有必要对鹿善继作进一步研究。

---

① （清）黄宗羲. 明儒学案［M］. 北京：中华书局，2008.
② （清）张廷玉. 明史［M］. 北京：中华书局，1974：6891.
③ （清）查继佐. 明书［M］. 济南：齐鲁书社，2000.
④ （清）陈鼎. 东林列传［M］. 北京：中华书局，2007.

　　首先，其有利于阳明后学研究的范围拓展。以往对阳明后学的关注点往往集中在浙中、江右、南中及泰州学派。相比之下，北方王门的关注度颇低，更遑论北方王门中阳明的私淑弟子了。鹿善继是明末王学转型中北方王学一脉中阳明私淑弟子的代表人物，与阳明后学大多被批评为"近禅"相比，鹿善继却以躬行实践为一大特色，其作为阳明学的传承者与修正者，有自身鲜明的特色。按其弟子说法，鹿善继在北方王门历史发展过程中处于关键地位，其理学思想在特定环境下具有深刻影响。尤其他与东林党有密切关系，且在学术道路上却并非为诸多东林党人所追求的程朱一脉，这一点尤需注意。

　　其次，可为明代人物史研究添砖加瓦。一方面，鹿善继既是北方阳明后学的代表人物，又是明末出色的政治家，还曾是孙承宗的幕僚，又亲身投入到抗清斗争当中，是当时重要的边臣。鹿善继提出了一系列务实的治国、治军措施，这是他多年亲身实践的结果。时人谈及理学家，最大的印象便是善于清谈却全无实学，鹿善继的做法便是对此一说法的强力回应。其会通式的思想，正是当时社会现实的反映，不应被研究者忽视。另一方面，明末是一个山河破碎、社稷倾覆的时代，社会生活领域秩序失衡、人心失范，这是明末士大夫集团不得不面对的现实问题。鹿善继作为一个以天下为己任的学者，又是一位处在政治漩涡中的官僚，他是如何看待特殊环境下儒家道统接续的？又是如何看待道统与治统关系的？如何看待理学与大众之间联系的？鹿善继作为与东林党过从甚密的理学家，他在政治生活中的主张和做法，作为一面历史镜子，可以为我们反映出相关问题的一个侧面。通过对鹿善继的研究，可以从各个方面更加清晰地了解明末王学发展的另一种形式，这是与诸多江南地区理学家的理念相别的形式，是真正在朝为官又亲历战场的人物思想的具现，这种思想脉络与在野理学家的思想自然不同。笔者认为，对鹿善继进行深入探讨后，可以更加明确地发现其间的矛盾点，从而推动明史研究在此一方面的进一步深入。

　　再次，有利于加强河北地域文化的整体性研究。鹿善继是河北地区王学的一个重要代表。对鹿善继的研究，一方面，是对当地传统文化研究方向上的一个补充，另一方面，地方传统文化的活态化也需要从个案研究着手逐步推及至整体性研究。对历史人物的深入探讨，相比与单纯的道德说教和文化宣讲来说，减少了抽象的概念性描述，更加生动形象。既更容易被广大群众所接受，又能为地域文化的整体性研究添砖加瓦。

　　而在现实层面，鹿善继的人格和思想对当下的立身践行有一定的启迪作用。一方面，鹿善继严明义利之辨和理欲之辨，符合当代所提倡的良善价值观；另一方面，鹿善继讲求学术与践行的统一，将王学知行合一之旨落到了实处，其勇于担当、舍身救友的精神和死国难的意志对个人的言谈举止、道德素养的提高都大有裨益。

最后，有利于加强地方区域文化的复兴、传承。鹿善继渊博的学识与高尚的气节，在当时便为定兴当地人所称道，是当地人学习的榜样，是北方燕赵地区传统文化中浓墨重彩的一笔。笔者认为，深入探讨历史中的杰出代表人物，对进一步强化地域文化的凝聚力大有裨益，更有利于进一步推动区域间传统优秀文化的传承、交流与复兴。

二、《四书》学与北方王门

对鹿善继这位理学学者和政治人物，目前还无专门性的研究论著出现，仅有少量论著略有提及，期刊论文也只有三篇且研究领域集中，鹿善继本人的大量文献资料也无人整理。鹿善继具有三重身份，一是属于王学在北方的支裔私淑，二是属于晚明河北地域学术文化，三是其自身的学术观念和践行，而其一生的思想则汇聚于《四书说约》当中。因此，笔者从近年来具有代表性的《四书》学研究、河北地域学术文化研究、鹿善继本人的个案研究和北方王学的研究四方面入手，整理了目前学术界和鹿善继有关领域中的研究内容。

（一）《四书》学研究

近年，国内外学者在《四书》学方向上的研究主要集中在宋代：朱汉民、肖永明所著《宋代〈四书〉学与理学》，从宋代《四书》学的产生与理学系统的建立着手，详细阐述了这一时期的儒学复兴活动和周敦颐、张载、二程在此一方面所做的贡献，并分析了湖湘学派、荆公新学、象山学和理学对《四书》解释上的不同。该书的重点在于从宋代《四书》学的定型到理学体系的完成这一阶段的发展阐述，其中对朱熹的理学思想与《四书》学的关系阐释极为周详。该书把《四书》时间上的纵向发展情况与同一时期横向的诸学派人物对《四书》的理解与应用紧密结合，是《四书》学综论的代表性论著之一①。陆建猷著有《〈四书集注〉与南宋〈四书〉学》，他截取了南宋这一时间节点，集中阐述了朱熹《四书章句集注》的著作理念和其所蕴含的朱熹的理学思想，与其他《四书》学综论相比，该书有对经注关系的解读，并着重于朱陆二学派的《四书》学思想分析，把《四书》学放到了儒学的创新中进行考量②。唐明贵的《宋代〈论语〉诠释研究》，通过对《论语》诠释文本的深入研究，系统阐述了中国古典诠释学与理学之间的联系，并明确了不同学派

---

① 朱汉民，肖永明. 宋代《四书》学与理学［M］. 北京：中华书局，2009.
② 陆建猷. 四书集注与南宋四书学［M］. 西安：陕西人民出版社，2002.

对典籍解读上的差异和儒学发展、社会政治之间的关联①。周春健的《元代〈四书〉学研究》，从元代《四书》学产生的社会历史背景、元代《四书》学官学地位的制度化、元代《四书》学传播的区域布局与学术渊源和元代《四书》学南北方诸学派的发展这四大主要方面入手，对元代《四书》学在学术思想史上的地位进行了评判，认为元代《四书》学虽总体成就平平，但是却具有独特的地位：其一是通过官学地位的制度化，首次实现了学术思想与政治权力的对接；其二是元代"和会朱陆"之风的盛行，在从宋到明、理学到心学的思想过渡上起到了独特的继往开来的作用②。

有代表意义的科研论文有：肖永明、陈峰的《宋代〈四书〉学研究述评》，该文首先整理了深入探讨宋代《四书》学的综论性的作品，其次按照对单独问题的个案研究进行分类，包括朱熹《四书》学的基础理论探究、宋代除朱熹外的其他研究性学者的《四书》学基础理论探究、宋代《论语》学和《孟子》学的基础理论探究、宋代《大学》学和《中庸》学的比较及基础理论探究等四个方面。详细勾勒了近年来国内外《四书》学学术研究的基本脉络③。朱汉民的文章《〈四书〉学的忧乐情怀与宋儒的内圣之道》，不仅认为宋儒在思想层面具有深刻的忧患意识，而且又崇尚"孔颜乐处"的超然境界。他们把《四书》中对忧乐情怀这一人格哲学的表达与《周易》中的宇宙哲学相结合，重新构筑了内圣之路，认为宋儒建立了天人一体的心性之学与居敬穷理的修身工夫，他们坚信每一个人均可经过心性的修炼而获得所谓圣贤气象，这也是宋代士大夫们真正实现思想文化精神上的自我救赎的唯一可能。宋儒尤其从《四书》的经典篇章中，得到了他们所迫切需要的，诸如怎样才能够达到忧中有乐、乐不忘忧、忧乐圆融的生活心态与获得精神境界的哲学上的理论基础④。朱汉民《〈四书〉学整合中的道统与政统》一文，认为自南宋绍宗后，道统与政统就一直在进行着"君师博弈"。庆元党禁之后，政统压制道统，《四书》学也受到了严重打击。直到宋理宗时，真德秀进《大学衍义》，士大夫集团与朝廷权力的态度发生了转变，政统逐渐取代道统，形成了"君师合一"的局面，尽管后有诸如黄宗羲和吕留良等人的抗争，大体局面直到清末亦未发生改变⑤。张晚霞的《"四书类"的设立与流变——以朱熹〈四书

① 唐明贵. 宋代《论语》诠释研究 [M]. 北京：中国社会科学出版社，2018.
② 周春建. 元代《四书》学研究 [M]. 上海：华东师范大学出版社，2008.
③ 肖永明，陈峰. 宋代四书学研究述评 [J]. 湖南大学学报（社会科学版）. 2015, 29（4）：19-23.
④ 朱汉民. 《四书》学的忧乐情怀与宋儒的内圣之道 [J]. 清华大学学报（哲学社会科学版）. 2021, 36（1）：123-129.
⑤ 朱汉民. 《四书》学整合中的道统与政统 [J]. 社会科学. 2019（9）：119-125.

章句集注〉的著录为线索》，从图书分类法和目录学的角度，采取时间顺序，详细地整理了图书门类中有关"四书类"的具体分类状况，并认为"四书类"的各类分类方法，"充分体现出古代书目类目增省的'文献保证'原则以及'与知识发展相同步'原则"①。申淑华的《〈大学〉研究现状及未来研究旨向》，选取《四书》中的《大学》作了学术史的回顾与未来的展望，认为目前学界对《大学》的研究呈现两种态势：一是围绕某一个或某几个人物或某个历史时期对《大学》展开研究；二是将对《大学》的研究置于《四书》学之中，没有像对《论语》《孟子》一样作出学术史总结。未来，《大学》的研究旨向将有三点：经典互施、同词异义、解在史中②。许家星的文章《〈四书集注〉定本之辨"与朱熹晚年定见》，讨论了胡炳文、陈栎所争《四书集注》中宋本和祝本的五处不同，并指出胡炳文所主宋本在宋元时期盛行，而陈栎所主祝本则在明清时代盛行，而"晚清宋淳祐本的发现，廓清了《集注》中若干传写之误，使宋本重新成为流行之本"③。

明清时期的《四书》学代表性研究论著包括：佐野公治的《四书学史的研究》，该书有从南宋至清初，《四书》学从成立到展开的详细阐述，从朱熹到王阳明到阳明后学，从科举、从祀等多种角度，探讨了包括《四书》的文献调查、义理阐释、社会文化政治意义等方面，特别是有诸多日本独有文献资料和视角，具有重要的学术价值④。周春健的《宋元明清四书学编年》，是一本包括宋、金、元、明、清《四书》学史上标志性人物和大事的编年体《四书》学通史。其角度侧重于在皇权影响下的帝制时期，受政统影响的《四书》学的流变情况⑤。

具有代表性的学术论文包括：孙宝山的《王阳明的〈论语〉诠释》，从王阳明诠释《论语》的方法和内容着手，最后给予评价，认为王阳明在阐释的办法这一领域，提倡反之于心、向内求理、统合归一、诸经互释；在阐释的具体内容层面，强调以理释礼、以理释知、以乐释学、以良知释愚昧、以去欲存心释克己求礼⑥，并认为王阳明以此打破了朱熹对《四书》经学解释的独占地位，其学术影响一直延续到清代初期。孙钦香的《王阳明、王船山〈大学〉

---

① 张晚霞. "四书类"的设立与流变——以朱熹《四书章句集注》的著录为线索 [J]. 大学图书馆学报. 2016, 34（4）：105-109.

② 申淑华. 大学研究现状及未来研究旨向 [J]. 学术前沿. 2019（6）：97-99.

③ 许家星.《四书集注》定本之辩与朱熹晚年定见——以胡炳文、陈栎之争为中心 [J]. 中共宁波市委党校学报. 2020, 42（6）：42-52.

④ 佐野公治. 四书学史的研究 [M]. 台北：万卷楼图书股份有限公司，2014.

⑤ 周春健. 宋元明清四书学编年 [M]. 台北：万卷楼图书股份有限公司，2012.

⑥ 孙宝山. 王阳明的《论语》诠释 [J]. 孔子研究. 2014（1）：61-66.

诠释的比较研究——以新民和格物致知诠释为中心》，从"新民"、"亲民"以及"格物"这三个名词展开诠释，比较了朱熹与王阳明解释的不同，同时说明了王夫之对王阳明"亲民"说和"格物"说进行批判的原因①。邓国元的《王阳明对儒家政治文化的诠释——以"古本"〈大学〉"亲民"说为中心的考察》，认为王阳明的"亲民"说不仅是从儒家道德哲学这一方向考虑，更是政治思想上的考量，体现了儒家一贯的以"民"为政治主体的哲学依据，认为所谓"亲民"的概念，对于王阳明而言，首先是一个政治命题。对中国传统儒家政治社会文化的强烈重视和特殊诠释，是王阳明先生坚持"古本"《大学》"亲民"说的思想原因②。林可济的《朱熹的〈格物补传〉和王阳明的〈大学问〉——围绕〈大学〉版本的两派分歧》，从"格物致知""即物穷理"与"致良知""知行合一"的矛盾分歧入手，以《格物补传》与《大学问》为引，认为王阳明对朱熹《格物补传》的否定态度是具有重要意义的版本学问题，而把朱熹的"格物致知"的工夫论简单地等同于自然类学科的研究，或把王阳明的"心外无物"说简单地等同于西洋近代的巴克莱哲学并进行对比，都是不正确的③。郭亮的《圣人年谱：立志与成圣——王阳明与季本〈论语〉"志于学"章辨释》，认为王阳明把"知行合一"之旨融进其释经之中，对"志于学"章的解释与朱熹颇为不同，与其弟子季本的解释同中有异，认为王阳明走的是"非专题化"的释经方式，使其学术思想呈现出"亲切简易"之势④。许家星的《阳明〈中庸〉首章诠释及其意义》，认为阳明翻转了朱熹所提出的《中庸》所具有的"明道"特质，其将《中庸》与《大学》相结合，使得《中庸》具有了"修道"的特质。认为《中庸》所提的未发已发之中和的问题对王阳明来说具有极为重要的意义，包括王阳明思想中的体用论、心性论、工夫论、境界论等重要学术课题，实为阳明《中庸》学的点睛之处⑤。周天庆的《明代闽南〈四书〉学研究》，选取了服膺朱学的几位代表人物，包括陈真晟、蔡清、周瑛和张岳，对此进行分析，继而总结出这一时期闽

　　① 孙钦香. 王阳明、王船山《大学》诠释的比较研究——以新民和格物致知诠释为中心 [J]. 贵阳学院学报（社会科学版）. 2014, 9 (4)：29-33.

　　② 邓国元. 王阳明对儒家政治文化的诠释——以《古本》大学"亲民"说为中心的考察 [J]. 王学研究. 2017 (2)：21-37.

　　③ 林可济. 朱熹的《格物补传》和王阳明的《大学问》——围绕《大学》版本的两派分歧 [J]. 福建论坛（人文社会科学版）. 2016 (3)：43-47.

　　④ 郭亮. 圣人年谱：立志与成圣——王阳明与季本《论语》"志于学"章辨释 [J]. 中山大学学报（社会科学版）. 2017, 57 (6)：135-141.

　　⑤ 许家星. 阳明《中庸》首章诠释及其意义 [J]. 复旦学报（社会科学版）. 2021, 63 (1)：125-135.

南地区的《四书》学特点和意义，认为明代闽南四书学诸学者在本体论和工夫论层面虽大体上坚守朱熹宗旨，但已有心学化的成分，其所突出的是《四书》中的践履精神①。李敬峰的《晚明阳明心学视域下的〈四书〉诠释——以冯从吾〈四书〉学为中心》，认为晚明的学术思想界呈现一元为主、多元并存的特质，这种特质形塑着《四书》阐释的主体和方向。通过冯从吾身兼心学、关学、东林党等多种身份这个特点，作者认为对其学术思想进行剖析，可以具体而微地展现晚明《四书》学学者在阳明心学思潮的影响下，冲破朱熹思想的桎梏，引证心学思想，不拘解经程式，自由解读经典，突出德性意识、注重德行救世的学术特征，激活传统僵化的《四书》解读，开显《四书》解读方法的新面向②。潘晓玲的《刘宗周〈论语学案〉研究》，简要介绍了《论语学案》的撰著背景、成书经过及解经方式，详细阐述了刘宗周在《论语学案》中所表达的"学""仁""道"等儒家重要思想，以"学以求觉""以心释仁""道重身轻"和"批判佛老"概括《论语学案》的思想要旨③。王涵青的学术论文《从〈大学〉诠释的几个基本问题论刘宗周〈大学〉诠释方法之基础》，分析了刘宗周"学凡三变"的思想历程，通过刘宗周对《大学》与《中庸》两本经典的关系问题的阐释、阳明学理论概念上的认识问题和《大学》的解读与改本问题等，认为刘宗周以诚意为主体，作为其《大学》诠释方法之基础④。朱修春的文章《从"工具理性"到"价值理性"——论清代〈四书〉学的学术转向与道统传承》，以戴震、凌廷堪、焦循和阮元为代表，分析了清代考据学者的《四书》学诠释路径和对儒家道统的继承方式，认为这一时代的《四书》学显然打上了回复原典的印迹，反映出清代学界意在整体重构当时所亟需的学问体系和匡正儒家道统新价值的倾向，说明乾嘉考据学从工具理性向价值理性的转变⑤。柏秀叶、王芙蓉的《清代山东〈四书〉学特色综论》，认为清代山东《四书》学主要遵从朱熹之说，多重义理而不重训诂。由于山东当地多数学者非学术史上的精英知识分子而多出身于仕宦家族，这使得山东地区的《四书》学研究更加偏重实用，以举业制艺、启蒙教育、

---

① 周天庆. 明代闽南四书学研究 [M]. 北京：东方出版社，2010.

② 李敬峰. 晚明《阳明》心学视域下的四书诠释——以冯从吾《四书》学为中心 [J]. 陕西师范大学学报（哲学社会科学版）. 2020，49（1）：104-111.

③ 潘晓玲. 刘宗周《论语学案》研究 [D]. 福州：福建师范大学，2014.

④ 王涵青. 从《大学》诠释的几个基本问题论刘宗周《大学》诠释方法之基础 [J]. 吉林师范大学学报（人文社会科学版）. 2019，47（2）：44-53.

⑤ 朱修春. 从"工具理性"到"价值理性"——论清代《四书》学的学术转向与道统传承 [J]. 哲学研究. 2011（7）：55-62.

化民易俗为主要目标①。

总体来说，对《四书》学的研究还是多集中于宋代，宋代的《四书》学研究在相关的各个方面都有所涉及，特别是朱熹的理学思想与《四书》学的联系是目前《四书》学研究的重点内容。元明清时期的《四书》学研究偏重于诠释学，而《四书》学与其时乃至当下社会、政治和教育之间的关系问题亟待学者进行深入的研究。

2. 明末清初河北地域学术的研究

对这一时期的河北地域学术研究主要集中在孙奇逢、颜元身上。前者有王坚的《无声的北方：清代夏峰北学研究》。本书认为鹿善继与孙奇逢一同创立了独具特色的燕南王学，二人思想有颇多相似之处，"本之于天"、躬行实践，且孙奇逢在鹿善继去世后，承继晚明北直隶集团"内圣不离外王"的思想遗产，集北方理学之大成，形成了极具会通特色的夏峰北学②。李之鉴的《孙奇逢哲学思想新探》，认为在孙奇逢的学术理论思维中，以理为本的客观唯心主义已经逐渐转向了以心为本的主观唯心主义，其哲学思想上的基本逻辑构成就是"心—物—心"③。李留文的作品《孝友传家教泽长——北方儒宗孙奇逢》，以孙奇逢为"乡贤"的代表人物这一视点切入，大力赞扬了孙奇逢在河北、河南的事迹，包括学以成圣、挽救东林、回护乡里和力肩道统等方面④。

后者则有陈山榜的《颜元评传》。该书对颜元的政治学、社会经济学、军事学、哲学思想和家庭教育等重要方面都有所阐述，简易直接。在论述颜元的学术内容时与现实相联系是本书的一大特点⑤。朱义禄的《颜元、李塨评传》，推崇颜元对宋明理学所带来的弊病所做的全面清算，并在其批判的基础上，重新建立了"以事功为首"的功利主义的哲学思想系统。认为颜元曾建立的这一思想体系，达到了中国古代功利主义的最高峰，并对其后的中国，尤其是近代中国，产生了极为深远的影响⑥。姜广辉的《颜李学派》，认为颜李学派倡导"实学"，主张"实文、实行、实体、实用"，与清初被立为官学的程朱理学相悖，在中国社会发展上产生过相当大的影响。认为颜李学派是十七世纪我

① 柏秀叶，王芙蓉. 清代山东《四书》学特色综论［J］. 山东理工大学学报（社会科学版）. 2018，34（6）：81-85.
② 王坚. 无声的北方：清代夏峰北学研究［M］. 北京：商务印书馆，2018.
③ 李之鉴. 孙奇逢哲学思想新探［M］. 开封：河南大学出版社，1993.
④ 李留文. 孝友传家教泽长——北方儒宗孙奇逢［M］. 郑州：大象出版社，2018.
⑤ 陈山榜. 颜元评传［M］. 北京：人民教育出版社，2004.
⑥ 朱义禄. 颜元、李塨评传［M］. 南京：南京大学出版社，2011.

国思想领域中对传统理论、文化的发展有重大突破的一种新的学术思想流派①。李国钧的《颜元教育思想简论》一文，认为颜元与顾炎武、王夫之、黄宗羲对程、朱、陆、王等宋明理学家的批判继承的态度不同，对宋明理学家和他们的理论一概持否定态度，把朱、王的学问都看作"杀人误国"的学理，并以此来教育学生②。

此外，王振林的《范阳潮》列举了河北定兴文物遗存，介绍了整个定兴古城。该书从文物、人物、艺文、非遗方面多角度展示了定兴的历史文化内涵，并在《人物卷·明》中介绍了鹿善继的简略生平③。李风林主编的《保定历史名人传略》，选编了118位保定的历史重要人物。以信念坚定、忠君爱国、发奋图强等为评价标准，涵盖了古近现代的保定历史名人，其中就包括鹿善继④。

3. 对鹿善继的个案研究

对鹿善继的个案研究共五篇专论。唐明贵在《鹿善继〈论语说约〉的诠释特色》一文中表示，鹿氏之学旨，既传承和发展了阳明学，又对程朱理学呈现出扬弃之态度，既注重实践，又注重合学业与事功于一体，认为其对《论语》的解释，在《论语》学史和阳明学史上皆应占有一定地位⑤；李春燕的《鹿善继对孙奇逢学术思想的影响——以孙奇逢与鹿善继交游考察为切入点》，视角独特，以鹿善继和孙奇逢四十载共同砥砺前行的历程为切合点，指出这些年的交游历程对孙奇逢的影响深远且尤为巨大，尤其是在治学的渊源方面，孙奇逢是因鹿善继才真正得以接触阳明的学说，由程朱之学转入王学，从而成就了其一生治学的根基。认为与鹿善继从游、交往的经验，引领、推动了孙奇逢为人治学方法论的发展与变革，使孙奇逢进入了注重实践、忌讳空谈的这一派，而鹿善继出入朱王的治学思维特色，则潜移默化地渗入到了孙奇逢晚年调和朱王、回归孔孟的内圣自评之学中。同时，孙奇逢又在与鹿善继的交游学习过程中实现了其与东林诸君子之间的人际关系网的构建，进而带动了其学习理念的巨大改变⑥。贾乾初、陈寒鸣的《被忽略的晚明王学重镇：鹿善继及其儒学思想初论》，认为鹿善继的思想传承于王阳明——罗念庵一脉。在心体

① 姜广辉. 颜李学派 [M]. 北京：中国社会科学出版社，1987.
② 李国钧. 颜元教育思想简论 [M]. 北京：人民教育出版社，1984.
③ 王振林. 范阳潮 [M]. 保定：河北大学出版社，2017.
④ 李风林. 保定历史名人传略 [M]. 北京：方志出版社，2002.
⑤ 唐明贵. 鹿善继论语说约的诠释特色 [J]. 齐鲁学刊. 2021（2）：24-29.
⑥ 李春燕. 鹿善继对孙奇逢学术思想的影响——以孙奇逢与鹿善继交游考察为切入点 [J]. 历史文献研究，2017（1）：196-207.

论方面，是自"口舌"之"言"探索根源，得出"万法固从心生"的论断，由是提出心之本体为"真"。在为学方法论方面，认为鹿善继以时习为工夫，轻程朱"记诵之学"，重陆王"心性之理"，深得为学要害。在"寻孔颜乐处"这一宋明理学的命题中，认为鹿善继以奋进为乐，受到了泰州学派的很大影响，在精神实质上与王艮在《乐学歌》中所云无实质差别，"以奋进为乐"也具有晚明这一时代所赋予的浓重色彩。在做人方面，认为鹿善继以"孝弟"体认"万物一体之心"，以圣人为"真榜样"，以富贵贫贱为身世大关头，以深辨"君子"与"小人""狂狷"与"乡愿"为做人之必要条件，并由此提出鹿善继的学术思维特色为"躬实践"。认为根据鹿善继的学行及其在当时形成的社会影响，应当赋予鹿善继在理学史上一重要地位①。卢子震的《鹿善继评传》，则将鹿善继的生平分成了三个时期，分别为读书求仕时期、为官从政时期和退隐著述时期，以时间顺序梳理了鹿善继的学术思想与政治实践。在本体论方面，主张"鹿善继虽然承认心的本体地位，但并不认为它是第一性的，第一性的本体是天，万物与人心都是由天派生的，心的本体地位、心与理的同一也都是天造的"，认为鹿善继的宇宙本体论乃是理气合一的。在实践观方面，认为"由于有了实践这个环节，使得鹿善继的'反求之心'与王阳明的'致良知'也有了很大差别。从理学角度看，鹿善继的'反求'包含了'圣贤成法''事理当然'这一特殊性环节，从而避免了致良知的'空疏'毛病"。在哲学观念上，认为鹿善继具有"因而行之"的辩证法思想。从整体上看，认为"鹿善继的修养之道，从主观上是为统治者设计的修己安人的方略，不是为老百姓制造的精神鸦片"②。吕钧瞳的《鹿善继的四书学研究》，从鹿氏《四书》学的建立背景与思想渊源入手，探讨其《四书》学的诠释特点，认为鹿氏之诠释带有鲜明的王学色彩，同时又对程朱理学有所兼顾，在诠释方法上强调以意逆志，在诠释取向上注重理学概念与儒学经典的归一，呈现出多学派融合之特点，而在学术以外，鹿氏之为人亦对燕南地区之民众事功的落实与人格的塑造，产生了不可忽视之影响③。

此外，郭绍虞的《中国文学批评史》，从鹿善继的文学风格方面加以点评。认为其文风融通"诗""史""文""学"更无隔碍。其诗，即是"以君亲为题、忠孝为韵、以纲常为性情，然后内境非冥恣，外境非强缀，则完全为

①　贾乾初，陈寒鸣. 被忽略的晚明王学重镇：鹿善继及其儒学思想初论［J］. 燕山大学学报 2010，11（3）：32-36.

②　卢子震. 鹿善继评传［J］. 河北大学学报（哲学社会科学版）. 1985（3）：121-127.

③　吕钧瞳. 鹿善继的四书学研究［D］. 北京：中央民族大学，2021.

道学家之见"①。认为鹿善继论学之语即为论文之旨,并提出清代重学风气,即从鹿善继、黄淳耀始。

此外,学术界在对北方王门作整体性研究时,部分论著及学术论文有涉及到鹿善继之处。这些非专门研究论著包括:麦仲贵的《王门诸子致良知学之发展》,细致梳理了北方王门的穆孔晖、尤时熙、孟秋和杨东明等人的心学思想特点,认为他们虽同属心学一脉,但思想却各有不同,如穆孔晖近禅,尤时熙贵践履,孟秋之学平实,杨东明重"性"等②。王茂的《清代哲学》,认为清初遗民的王学思想为明末王学之余绪,学术思想本身没有进一步的发挥,对社会的启蒙作用也已消失殆尽。认为"中原王学亦不复纯粹,大多以王学为体,以朱学为用。他们以讲求工夫自饰王学之短,然其所讲仍为心体上的工夫"③;潘富恩编《中国理学》(第2卷),先后列有孟化鲤、鹿善继和吕维祺三人,提到"北方王门,阳明'心学'在北方的分支,因黄宗羲《明儒学案》中立《北方王门学案》而得名。主要人物有穆孔晖、张后觉、孟秋、尤时熙、孟化鲤、杨东明、南大吉等人"④。吕景琳的《明代王学在北方的传播》,概述了王学在河南、山东、山西、陕西和北直隶地区的传播情况,介绍了受到江南王学影响的第一代北方学人及其之后的北方王学的代表人物,如冯从吾、穆孔晖、王道、张后觉和尤时熙等,并把孙奇逢列为了北方王门学者,认为王学从南向北传播的时间差,使得北方王学与江南王学的思想呈现出交相辉映的状态,同时使得明代程朱和陆王学说在全国范围内的传播呈现出一条起伏的曲线,描绘成两个交叉的半圆形,认为"协调朱王的呼声在北方表现地如此强烈和显耀,则可以看作是程朱学术传统深厚和阳明心学骎骎乎日盛所结出的一个果实"⑤。卢连章的《洛学及其中原后学》,以二程之学为起点,梳理了洛学的传播路径,先后列举了姚枢、许衡、曹端、薛瑄、尤时熙、孟化鲤、崔铣、孙奇逢、汤斌和张伯行。认为"元明清时代洛学在中原的传播,也有一个演变过程,在全国范围内出现的各学派,在中原地区虽有影响,但大多没有超出二程洛学的藩篱"⑥。

学位论文三篇。胡志娟的《北方王门学术思想研究》,从阳明学产生与发展的背景入手,简要介绍了北方王门的两大支派山东王学和洛阳王学。认为北

---

① 郭绍虞. 中国文学批评史 [M]. 北京:商务印书馆,2010:1110-1111.
② 麦仲贵. 王门诸子致良知学之发展 [M]. 香港:香港中文大学出版社,1973.
③ 王茂. 清代哲学 [M]. 合肥:安徽人民出版社,1992:433.
④ 潘富恩. 中国理学 [M]. 上海:东方出版中心,2002:378.
⑤ 吕景琳. 明代王学在北方的传播 [J]. 明史研究. 1993 (3):94-100.
⑥ 卢连章. 洛学及其中原后学 [J]. 学习论坛. 1994 (3):31-34.

方王门的学术特色为"道一"论和理气统一论,并认为北方王门已把佛儒道融通。提出了"一方面,与王阳明心学其他诸派相比较,尤其与王门后学中走上空谈义理、不务实践道路的诸南方学派相比较,在北方王门学者的学术思想中,依旧保留了很多王阳明心学形成之初躬行务实、经世致用的特点。另一方面,在学术思想内涵的解释上,北方王门学术思想更加世俗化、生活化、通俗易懂,对普通百姓礼仪教化的重视程度远远高于对服务国家社会的重视程度"① 这一核心观点。范琳琳的《三教视域中的阳明后学——以北方王学为中心》,将北方王门分为四代传人,以四代传人对三教融合不同的理解为切入点,着重说明了北方王学在时势下的融通意识。认为"北方王学弟子为王学在北方地区的传播和发展做出了很大贡献,有效推动了儒学的民间化、日用化、自然化,扩大了王学的社会影响。其继承和发展的三教归儒的精神,有效推动了明代三教合一的学术格局,三教相辅相成,为挽救人心、安顿社会起到了不可忽视的作用"②。孟成刚的《明代中后期北方王门思想析论》,较为详细分析了他所认为的北方王门四代弟子的思想传承。认为"北方王学在王学史上长期不被重视,但他们为挽救明代中后期的现实危局,无不积极参与、关注国家命运,努力传播阳明心学,将之尽可能地推向更广大的地域,用儒家士人能够采取的各种方式贡献自己的力量"③。

综述三篇。任永安的《明代北方王门心学研究的回顾与前瞻》,以简要的语句介绍了《明儒学案》中所录北方王门七人:南大吉、穆孔晖、张后觉、孟秋、尤时熙、孟化鲤和杨东明。列出了除此之外北方的阳明学者王以悟、张信民、吕维祺、南逢吉、张舜典、赵维新和鹿善继。回顾了二十世纪七十年代以来北方王门研究的整体情况,提出部分北方"王门学者的著述得到点校整理""个案研究逐渐深入""整体研究及影响研究亦受到关注"三个观点,指出"文献整理的基础性工作仍不完善""对北方王门群体成员构成的认识仍不全面""研究成果数量少,不够系统"和"研究视角过于单一"四个当前研究的困境,提倡应"积极推进北方王门文献的搜集整理工作""加强北方王门学者群体构成研究""通过整体性研究,推进北方王门研究的深入"和"多视角审视北方王门心学研究"④。彭耀光的《明代中后期山东王学研究的回顾与前瞻》,梳理了以往对山东王学的研究。指出山东王学是阳明后学的组成部分,在促进王学理论进一步普及和社会传播领域做出了自己的独特贡献,是阳

① 胡志娟. 北方王门学术思想研究 [D]. 聊城:聊城大学,2018.
② 范琳琳. 三教视域中的阳明后学——以北方王学为中心 [D]. 南京:南京大学,2018.
③ 孟成刚. 明代中后期北方王门思想析论 [D]. 西安:陕西师范大学,2015.
④ 任永安. 明代北方王门心学研究的回顾与前瞻 [J]. 西部学刊. 2020 (8):124-127.

明后学基础理论研究工作中不可忽略的一部分。特别是在促进三教合流及儒学传统信仰化、平民化领域，山东王学所作出的可贵尝试仍有重大的意义，应予以充分的关注。同时，提出对山东王学，应促进相关文献资源的收集与整合、通过对其中的有突出思想贡献的个人进行专题个案探讨，以此推进山东王学深入研究、多视角审视和全面系统开展研究工作①。郏旭东的作品《明代北方王门之洛阳王学综述》，主要介绍了北方王门之——洛阳王学的主要的典型代表人物尤时熙、孟化鲤和张信民的思想理论。认为作为阳明后学"北方王门"中重要的一支学派，洛阳王学上承北宋二程"洛学"之说，中接明代阳明"心学"之旨，下启清代孙奇逢、汤斌"理学"之复兴，实现了学界的上下继承，为心学在北方的发展做了突出的贡献②。

目前学术界对北方王门整体性研究的侧重点在于其代表人物的良知学思想、哲学理论的综述且集中于洛学，山东与北直隶地区常年处于被忽略的地位。研究的多视角和对北方王门的成员构成分析方面亟待进一步挖掘。部分论著将冯从吾、孙奇逢等学者同样纳入北方王门中进行考察，而在此分类下，对北方王门和孙奇逢的论说常常会涉及鹿善继。

三、本书的研究思路

1. 本书的研究目标

（1）收集整理历史文献中关于鹿善继的相关资料，形成文献资料长编，查明鹿善继的家世、生平、主要事迹等要素，为以后的相关研究提供参考。

（2）通过对鹿善继相关年谱、文集等整理，梳理鹿善继的《四书》学思想脉络并与其他学者的《四书》学研究进行对比。

（3）通过整理与解读，结合其弟子与好友的语录，得出对鹿善继的《四书》学思想的评价。

2. 本书要解决的关键问题

（1）通过整理研究鹿善继相关资料，对鹿善继的《四书》学思想及其他著名学者的《四书》学情况进行整理与解读。

（2）通过对鹿善继学术思想的整理与解读，对鹿善继的历史地位进行再评价。

3. 本书所采取的研究方案

目前已搜集到大部分鹿善继的诗词文集、年谱及他人对其语录等相关文

---

① 彭耀光. 明代中后期山东王学研究的回顾与前瞻［J］. 海岱学刊. 2016（1）：96–102.
② 郏旭东. 明代北方王门之洛阳王学综述［J］. 长江师范学院学报. 2009，25（1）：131–153.

献，并整理出部分思想史中与鹿善继的《四书》学思想有关联的内容。鹿善继与其他同时代的思想家相比，有北方王门一贯的思想特色，又有自己另辟蹊径之处，融合会通、反约认理，为其思想的主要特点。

4. 研究方案

文献整理法：尽可能对鹿善继的相关资料进行整理，通过年谱、文集和他人有关鹿善继的语录以及皇帝对鹿善继的批复等资料，了解其思想脉络和政治实践。

归纳分析法：通过梳理考证与鹿善继思想和实践有关的代表性政治家、军事家和理学家，如孙承宗、徐光启、孙奇逢、高攀龙、刘宗周、罗念庵及北方王门众人等，了解鹿善继受其影响而延伸出的思想有哪些，哪些又具有独到之处。

图表统计法：根据所统计的鹿善继弟子及其交游名册，整理出鹿善继弟子表和鹿善继交游表。

实地调查法：在撰写论文过程中，笔者去河北保定进行实地调查研究，通过看、听、问等方式方法，全面了解当地人和其族人对鹿善继的解读，汇总口述史资料以备用。笔者通过鹿善继相关文献，收集了大部分鹿善继的家世、生平、著作、年谱和文集，研读北方王门各理学家的相关理论，以期做到一手资料的翔实完整。本书通过对鹿善继相关历史文献的整理，首次系统梳理了有关鹿善继的大部分一手资料，除研究者必应整理的年谱外，还有其学术思想的汇总《四书说约》和其相关文集的汇编。

第一章　鹿善继生平及著述

鹿善继，字伯顺，学者咸称乾岳先生，晚年自号江村渔隐。其先祖乃小兴州人，明初举家内迁于定兴之江村。他生于明神宗万历三年（1575）十月，卒于明思宗崇祯九年（1636），年62岁，是晚明河北最重要的学术文化名人之一。

第一节　生平与时代

一、家世

鹿善继出生在一个传统的官僚地主家庭。祖父鹿久徵，字子诚，号豫轩，万历八年（1580）进士，曾为江西道监察御史，神宗时因直言上疏申救同僚而被贬谪至山西泽州（现山西省晋城市泽州县）做一判官（隋始置，帮助州县地方上的长官处理日常政事，到明代时，仅州置判官）。明熹宗时因邹元标等极力建议，被追赠为光禄寺少卿。鹿豫轩初登进士时，服阙之后，补山西襄垣，在息县任县令期间，时正值张居正秉政，推行一条鞭法，有均田之令，息县额田二万八千顷，适时被豪强占据大半且多有瞒报。据记载：

盖自免役者田无限制，避役者计出多端，于是奸民每将户口假捏伪卷，诡寄官甲，日积月累，官户之田益增，当役之田愈减。至有仕官已故，优免如常，一切差役但累小民代当，致使一、二愚民岁岁困于输挽，日日苦于追呼，家赀田产不尽不休。①

---

① 王天有. 晚明东林党议 [M]. 上海：上海古籍出版社，1991：7.

在这种背景下,鹿豫轩秉公而行,清查隐瞒之事,后:

> 得溢额田四千顷,悉以见赋通摊之田,均而赋轻,民乃悦,为树碑以颂其补襄垣。①

在治理思想上,鹿豫轩亦是提倡以实学为依榜,而非以清谈为依托。如在其任御史大夫时,就曾提醒神宗应以:

> 养心平情之恳,请御平台召辅弼大臣讲求治道,以急收天下人心,不宜泄泄为玩日,以虚文应实祸。②

后人孙承宗高度评价鹿豫轩说,“生而伟硕,思业该通,雅为时器,风飙直亮,耻同流俗”。

父亲鹿正,字以道,号成宇,是鹿久徵长子。在魏忠贤等阉党迫害东林党时挺身而出,倾家财以救之,海内尊称其为鹿太公,官至太常寺少卿。天启年间,阉党败坏朝政,网罗密布,鹿善继之密友周顺昌、左光斗和魏大中皆遭逮捕,三家子弟宾客汇聚于定兴县之江村。适时,鹿善继在辽,鹿正代为应祸,四方奔走酬金相救,声闻四方,旁观者亦代为忧惧,鹿正不为所动,言曰:

> 不知命无以为君子,我肯惜一身为吾子兰籍辱?

孙奇逢对鹿正有一段描述极为切实:

> 公拮据家务,一意以明农课子为己任,故侍御公无忧内顾,太常未尝北面一塾师而业就。生平勤俭持家,恤人之急甚于己。当厄之与宁直无难色,恒虑人,有难尽之言也。

这里“侍御公”即指鹿豫轩,“太常”即指鹿善继。孙奇逢与鹿善继相交四十年,鹿善继去世后,孙奇逢常侍奉鹿正左右,故其言极为真实。

这种重道德、勤应事的家庭环境,使鹿善继自小便倾心于理学,并且能够了解朝廷的兵事及治理方略,这对他以后的发展影响极大。

---

① (明)孙承宗. 鹿侍御碑铭 [M]. 上海:商务印书馆,1937:211-228.
② (明)孙承宗. 鹿侍御碑铭 [M]. 上海:商务印书馆,1937:211-228.

二、读书求仕

鹿善继的生平经历，大致可分为三个时期。第一个时期，从明万历九年（1581）到明万历三十三年（1605），鹿善继从七岁到三十一岁，主要是读书，科举以求仕途。第二个时期，从明万历三十四年（1606）到明崇祯二年（1629），主要是从政，退隐时官至太常寺少卿（太常寺少卿，北魏始置，称太常少卿，北齐称太常寺少卿，为太常寺的副长官，历代沿置，掌礼乐郊庙社稷事宜，官秩正四品）。第三个时期，即从明崇祯三年（1630）至明崇祯九年（1636），主要是隐居、教学与著述，并以平民身份协助地方官员抗击清军入侵。

其中，读书求仕涵盖鹿善继七岁到三十一岁的人生岁月，也正是明王朝由振兴转向衰败的阶段。神宗初，张居正升为内阁首辅，推行变法，其自上而下的改革确实改善了当时的上层建筑，调整了生产关系，但是万历十年（1582），张居正去世，原既得利益者不满改革已久，张居正随之遭到清算，改革停滞，许多根本性的问题没有得到解决：首当其冲的便是大量的土地兼并带来的阶级矛盾加剧问题，以皇室为代表的大地主集团占据了绝大部分土地，土地所有制恶性发展，地主阶级与农民阶级的矛盾日益上升，而地主阶级内部，由于中小地主集团土地分配不公，双方矛盾也在不断加深。据记载，万历时期，以皇室为代表的大地主集团所拥有的皇庄已经扩展到了南直隶及长江沿岸地区。同时，由于豪绅大地主集团与庶民大地主集团在占有大量土地的同时以各种理由逃避赋税，朝廷的各项税收、加派便转嫁到了农民阶级身上。

在这种背景下出生的鹿善继，自小便对劳动人民具有一定的同情心，并在其祖父的影响下从读书起便立志于道学，力求做一个有道德、有事功能力的豪杰。鹿善继少时，外人评价其人"生而凝重，少不嬉戏。"① 万历九年（1581），其祖父鹿豫轩不欲令他入私塾读书，欲自授其学，故令他读《四书章句集注》。鹿善继于此间泛观博览，特别倾心于古代哲学、史学典籍和兵法。卢象升评价此时的鹿善继：

少而卓然自立，志于古人之学，究心于国家典故，经画匡济，鳃鳃不倦古貌庄端，髮髯飘飘如仙人，望而知为伟人。②

---

① （明）陈鋐. 鹿忠节公年谱［M］//儒藏·史部 第 74 册. 成都：四川大学出版社，2007：20.
② （明）卢象升. 鹿太常传［M］. 上海：商务印书馆，1937：241-253.

万历二十一年（1593），朝廷发生了两件大事，皆关乎东林党的形成，即"三王并封"和"癸巳京察"。此时，距"争国本"事件发生已过七年，而其余波未散。一月，大学士王锡爵遵圣意传帖，把皇长子、皇三子、皇五子并封为王，廷臣力争，遂作罢，这就是"三王并封"事件，而与当时"争国本"事件类似的是，力争者多为后来的东林党人。二月到三月间，吏部尚书孙鑨、考功司郎中赵南星和左都御史李世达严格贯彻"考成法"，欲在京城实现"京察"之风，但事不如意，支持此法的官员后来皆被贬谪，这是东林党形成的重要事件之一。是年，鹿善继十九岁，由于他才气纵横，对道学多有心得，得以受有司推荐，于次年，首次应顺天乡试。但在考试中，由于考题不得解，归而纵览百家以求心仪之说，机缘巧合之下，读王阳明《传习录》而心动，询问祖父，祖父大喜，告之曰："看字有曾点、漆雕开，已见大意，意思扩充得去，便是天地间第一等人，眼前功名无论也。"① 受到祖父鼓励的鹿善继，之后便沉浸于《传习录》的研读不能自已，《鹿忠节公年谱》（以下简称《年谱》）记载：

先生取《传习录》，寝食其中，慨然有必为圣贤之志，而一切着落，皆身实践之，以阳明所谓将本体只作一番光景玩弄者为戒。自少至老，在邦在家，只求事事不亏本分，时时不愧本心。故能崛起北方，倡明绝学，卒之杀身成仁，舍生取义，为有明一代真儒云。②

万历二十五年（1597），鹿善继结识了他人生中最重要的朋友之一孙奇逢，之后的人生道路上，此二人相互砥砺，切磋学术，并肩作战，友谊可以说是至死不渝。

万历三十二年（1604），孙奇逢会试不第，常有灰心之意，鹿善继引王阳明不动心之学相劝勉。次年，孙奇逢筑时思亭守墓，之后六年间，鹿善继常与其在时思亭相与论学，因有诗云：

横襟东海揖郎山，中有一庐无愧颜。毁后仅余眉宇在，愁来且把蓼莪删。地当赵北燕南际，人跨椒山梦骥间。客子语言忽可味，细询知自见君还。③

---

①　（明）陈鈜. 鹿忠节公年谱［M］//儒藏·史部 第74册. 成都：四川大学出版社，2007：22.
②　（明）陈鈜. 鹿忠节公年谱［M］//儒藏·史部 第74册. 成都：四川大学出版社，2007：22-23.
③　（明）陈鈜. 鹿忠节公年谱［M］//儒藏·史部 第74册. 成都：四川大学出版社，2007：28.

此诗是鹿善继在孙奇逢守墓期间所作。因两人关系极佳，鹿善继时时过唁，常徘徊不忍去，此诗即是为歌颂孙奇逢品行所作。所谓"中有一庐无愧颜"便是指孙奇逢六年如一日，心无旁骛，安于清贫，守墓其间，其作为无愧生于天地之间。"蓼莪"出自《诗经·小雅·蓼莪》，李时珍《本草纲目》言，"莪抱根丛生，俗谓之抱娘蒿"，这里是表达一个孝子不能尽孝的悲痛之情。其后两句中，椒山在此应指杨继盛，梦骦是指刘因，此二人皆为河北容城人，作为乡贤，当为鹿氏彼时之偶像，在此提出，亦是对孙奇逢之鼓励。此诗前边四句主要慨叹孙奇逢的所作所为，而后则借景生情，由人到己，表现了鹿善继孝亲、节义、报国、安贫等情绪和心态。

三、从政

此一时期主要是从明万历三十四年（1606）到明崇祯二年（1629），是鹿善继三十二岁到五十五岁的人生阶段。1606年，鹿善继领顺天乡荐，出王以悟之门，暗立志绝贪污受贿之事，王以悟乃是北方王门第三代传人，其直传于北方大儒孟化鲤，其兼收并蓄之学风影响鹿善继颇多。

万历三十七年（1609），朝廷发生了"李三才事件"。李三才曾总督漕运，惩戒贪官，时人誉为"东南一带长城"。适时，东林党人欲推李三才入阁，浙党邵辅忠首先发难，参本李三才，至此，党争又起，争论延续到万历三十九年（1611），李三才被迫离职，事件告一段路。李三才离职后，吏部尚书孙丕扬主持了"辛亥京察"，考察包括浙、齐、楚党人骨干，此次京察以东林党在政治斗争中略胜一筹告终，但旋即受到浙、齐、楚党的猛烈还击，孙丕扬亦被迫致仕。是年，孝廉薛一鹗诬谤之事又起。鹿善继招孙奇逢及孝廉诸生三十六人为其雪冤，与太守对峙之时，言辞慷慨激昂，毫无惧色，《年谱》记载：

> 守语稍侵先生，先生愤然曰："论官者，何忍以循良被恶名？养士者，何忍以衣冠置涂炭？借胥吏以倾士类，借士类以倾县官，尚有天日乎？某等颇知自爱，从前未尝来，此后定不来，独此义愤所激，不容不来尔。"侃侃昌言，守为气夺，同侪虑激怒，退而戒之。先生曰："彼中情怯尔，畏我辈法语，支吾不暇，何怒为？"乃复告于观察刘公以风节者，与先生意合，事得白。方是时，夏雨如注，河水涨平，地深数尺，同事两生几溺死，而先生以病困之身，气愈猛，神愈王，人谓先生三十年金相玉质，不关外事，一旦排难解纷，谊出古人，仁者之勇，固如是乎？①

---

① （明）陈鋐. 鹿忠节公年谱［M］//儒藏·史部 第74册. 成都：四川大学出版社，2007：32-34.

此仗义执言之举、舍己救人之心，乃仁者之勇也，表现了鹿善继作为文人，骨子里带有的豪侠之气，正像其后来在为张凤翔《石蕊集》作序时的自叙：

> 万法枉分别，只须一念切。大地耀光明，无非羑里月。无别亦有别，强切更不切。火中不开莲，水底空捞月。千秋月无别，见有切不切。人是死中生，景非水中月。①

万历四十二年（1614），鹿善继开始招收门人弟子，是年，开始了《四书说约》的撰写。按其本人所说，"我谓先圣先贤往，而圣贤之心至今在，特患不反求耳"②，故名所著为"说约"。次年，著《认理提纲》，并谒选授户部山东司主事，职盐法，任上作《闽粤盐法二议》。鹿善继实心应事，独嗜盐策，卢象升记曰：

> 日讲求于职掌，与同舍郎袁君应振精心盐策，曰："兵弱矣，祸将起，救弱莫如强，非富则不能强，非盐策则不能骤富而不病民"。③

万历四十五年（1617），京察之事再起，此时的吏部尚书为楚党郑继之，刑部尚书为浙党李志，二人主持重察"辛亥京察"时的支持者，此次京察后，东林党人尽遭排斥。是年，四方之士皆来从鹿善继问学，王命新问"帖括之习"，鹿善继以《论语》首章作为答复，可知此时鹿善继思想已尽在《四书说约》矣。

万历四十七年（1619），鹿善继服阙，补户部河南司主事，复署广东司。是年，发生了明末著名的"金花银案"，涉案官员多有朝廷要员，包括时任大司农（明代大司农为户部尚书，司漕粮田赋，秩正二品，清代因袭）李汝华，激起一时风波，也是在此案中，鹿善继的豪侠之气表现得淋漓尽致，其君子儒之名迅速传播，门人日进。"金花银案"始于辽东军饷匮乏，这就不得不提到萨尔浒之战。万历四十七年（1619）三月，萨尔浒之战爆发，因图速胜，大学士方从哲等多次催战，致使明军在辽东战场四路出兵，三路败北，接连败北对军心影响甚大，加之军中缺饷，时局甚危。

---

① （明）陈鋐. 鹿忠节公年谱［M］//儒藏·史部 第74册. 成都：四川大学出版社，2007：165-166.
② （明）陈鋐. 鹿忠节公年谱［M］//儒藏·史部 第74册. 成都：四川大学出版社，2007：40.
③ （明）卢象升. 卢忠烈集［M］. 清乾隆刻本：39.

辽事起，天下无兵，兵苦无食，一如公料，辽饷绝，事且败，而大臣力请发帑，不许，请还金花银于计部，又不许。①

这时，广东金花银解至，鹿善继欲自作主以应辽事。所谓"金花银"，载称：

金花银即国初所折粮者，俱解南京，供武臣俸，各边或有缓急，亦取足其中。正统元年，始改解内府，岁以百万为额。嘉靖三十二年，题准各宫籽粒及各处京运钱粮，不拘金花折粮等项，应解内府者，一并催解贮库，悉备各边应用，不许别项那借。②

鹿善继认为"金花银"原就是备外用而不归内府，今边事紧急，军饷乏用，应"缓急取足"，"率由祖制"，这并不是夺内府之权以资外用，而是间不容发的应急之举，应一面告知皇帝，一面将"金花银"发往辽左，并对适时大司农李汝华道："万一震怒不测，请以身甘罪。"李汝华敬佩于鹿善继的所作所为而从其言，神宗得知后大怒，勒令补还。此时，朝内党争未息，阉党闻此而大躁，撺掇神宗予鹿善继以杖刑，神宗虽未从杖刑之言，然亦欲将其贬谪，卢象升记曰：

上谪公去，而勒大司农还内库。时，直声动天下，公卿台省竞为之请。公乞归，皆不报，公竟不待报而归。③

据孙奇逢讲，被贬之日，神宗急宣户部司官及鹿善继入朝，适时，声如雷动，客皆惊惧，而鹿善继作为当事人，仍能神色自若，"食毕，徐着衣去"，孙奇逢感叹道："当此时，食犹能下咽乎？吾于是觇公不动心之学矣。"

金花银案之风波从七月持续至九月，由于之后鹿太公代其族人贴军，并割地十七亩于军队分种，加之鹿善继自身的诤臣之举，被时人誉为"孤凤"。

泰昌元年（1620），熊廷弼守辽东遭浙党攻讦而被迫辞职，从此，熊廷弼亦与浙、齐、楚党不睦，而辽东的局面再次陷入混乱不堪的状况。次年，袁应泰代熊廷弼辽东之职，袁应泰接手辽东政务前曾备受期待，亦是以才望推，

---

① （明）卢象升. 鹿太常传 [M]. 上海：商务印书馆，1937：241-253.
② （明）陈鋐. 鹿忠节公年谱 [M] //儒藏·史部 第74册. 成都：四川大学出版社，2007：55.
③ （明）卢象升. 鹿太常传 [M]. 上海：商务印书馆，1937：241-253.

《两朝从信录》记载：

> 户科王继曾奉旨会议经臣去留疏曰：今日之议乃欲使书生坐帷幄之中，决胜千里之外耳，非求斩将搴旗事也。臣询之朝论，皆言侍郎崔景荣、张鹤鸣，佥都御史袁应泰，此三臣者皆可辽用。崔景荣则臣使西夏时见彼中人皆言景荣恩威素著，夷人信服。鹤鸣在贵州时亦慷慨，似非畏兵者，应泰见以望推。①

而其事实上的表现却令人失望，他改变了熊廷弼在任时的稳健策略，力求进取，结果适得其反，辽阳陷落，也是在此后，后金与明朝在辽东的力量对比产生了根本性的变化。此时，鹿善继正以才望改兵部职方司主事，辽阳陷落后，其与叶震生、耿如杞上疏拟请罪之稿。言官不许，以小臣略无忌惮弹劾之，鹿善继偕叶、耿二公以"戒慎恐惧"、"士之志"以辩之：

> 职等痛祖宗土宇，半陷毡裘，远近官军尽膏锋刃，入署以来，当食废箸，中夜涕流，因思事有纲纪，苟能调度，即一着可救全局之差。官无崇卑，但竭股肱，即小臣可分大臣之任，然职固小臣，而以御史指为小臣，职实不服。职固不敢以戒慎恐惧自信，而以揭应台臣，为略无忌惮，职尤不服。国家倚重台省，原非他司敢望。然二百年来，就威权以谕气焰，既被台省占绝，若按掌故以论名臣，尝见部曹居半，士各有志，不可轻相量也。②

还部后，以戚继光之事激励士气，疏恤辽阳死事诸臣，后，上疏适时首辅叶福清，意尽杜请托之路，以鼓舞豪杰之精神，为国家复疆土而雪诟辱。福清然其言。方适时，鹿善继的名声达到了极点，"请书草者履满户外"。

天启二年（1622）一月，兵部尚书王化贞在阉党张鸣鹤的支持下主张力战于广宁，致使广宁失手。三月，鹿善继随阁臣孙承宗阅榆关、置逃臣。七月，得名将马世龙于偏俾之中，后随大军出谋划策，恢复辽疆四百里，凡五城七十二堡，关门息兵，中朝心稍定。次年二月，吏部尚书张问达、左都御史赵南星随之主持进行了惩处贪官污吏的"癸亥京察"，吏治亦为之一振。但好景不长，天启四年（1624）六月，随着阉党顾秉谦、魏广微入阁，魏忠贤大权独揽，开始了对东林党人的全面镇压。同年十二月，鹿善继随孙承宗入朝奏用兵方略，抵通州时，阉党闻而惊惧，以为外兵入京要行清君侧，即矫诏促归。

---

① （明）沈国元. 两朝从信录 [M]. 财富祯年间刻本。
② （明）陈鈜. 鹿忠节公年谱 [M] //儒藏·史部 第 74 册. 成都：四川大学出版社，2007：66-67.

受此影响，天启五年（1625），阉党诬孙承宗谋反，孙承宗因此致仕，兵部尚书高第接孙承宗任经略辽东。鹿善继亦随孙承宗归田，曰：

> 今虽同师相归田，梦魂犹日绕黑水白山，与前部将军相周旋也。所手额而祝者，代师相之人果肯不改师相之臣与师相之政，使河东终归版图，则不佞与师相，虽归犹未归也。①

崇祯元年（1628），阉党已诛，鹿善继被擢升为尚宝寺卿。次年，升太常寺卿，管光禄寺丞事，至此，鹿善继的官场生涯走到了顶点。崇祯三年（1630）即因病请辞归里，自号江村渔隐。

四、讲学、死难

此一时期主要是从崇祯三年（1630）鹿善继归里到崇祯九年（1636）鹿善继去世。

崇祯四年（1631），门人大进，纂《寻乐大旨》，自此，鹿善继教授生徒之大旨已定，即以教授门人寻孔颜乐处为大本，"乐"即乐此"真"，"乐"即乐此"仁"，"乐"即"仁"的表现形式之一。先生与诸生谈业，有诗记云：

> 吾徒功力近何如，争肯泥筌便当鱼。摇笔已欣灯取影，会心还望水成渠。试从慧眼穷诸相，总是浮云过太虚。不借轮扁明点破，谁知枉读圣人书。②

谈经，记云：

> 种种颠毛拥绛纱，风生尘尾大非夸。传经自信经无字，授笔人称笔有花。从古原推豪杰士，只今谁是大方家。天空倚仗看云汉，言念穷源欲借槎。③

这两首诗中有不少字词皆是典故或喻指。首先，所谓"泥筌便当鱼"，"筌"字通"荃"，荃字有两个意思，一为本意，本意为香草，还有一引申意，为"皇帝"的借指，有时宰相也称"荃宰"。据此诗意，在此当取本意。而这句话的文本来源便是《庄子·外物》篇中"荃者所以在鱼，得鱼而忘荃；言

---

① （明）陈鉉. 鹿忠节公年谱［M］//儒藏·史部 第74册. 成都：四川大学出版社，2007：95.
② （明）陈鉉. 鹿忠节公年谱［M］//儒藏·史部 第74册. 成都：四川大学出版社，2007：118-119.
③ （明）陈鉉. 鹿忠节公年谱［M］//儒藏·史部 第74册. 成都：四川大学出版社，2007：119.

者所以在意，得意而忘言"。而王阳明《五经臆解》中之论六经与鱼荃者（得鱼而忘筌，醴尽而糟粕弃之），当为其思想之来源。而此句亦有两意，一为本意，即得到想要的结果是最重要的，手段是次要的，还有一意则是比喻事情成功以后便忘记了本来依靠的东西。"灯取影"，乃是成语"灯前取影"之略写，出自宋代苏轼《题吴道子画后》，一般用于描写绘画之"逆来顺往，旁见侧出"，在此亦是鹿善继欲提醒众人学习本无定法，不要拘泥于某种方式。所谓"会心还望水成渠"，朱熹言"问渠那得清如许，为有源头活水来"，此亦为提醒众人方式虽有多种，但是"心为本体"切不可忘。前四句一从庄子之言，一从绘画之法，一从朱熹之言，所谈皆为一事，即"心为本体而学无定法"。"试从慧眼穷诸相，总是浮云过太虚"，则用佛学中"慧眼"一词表达同一含义，"慧眼"乃是用来观察本质规律。而王阳明亦有论良知如浮云过太虚之论（如值若飘风浮霭之往来变化于太虚，而太虚之体，固常廓然其无碍也；又如廓然与太虚而同体之语）①，与诗中前句（得鱼忘筌句）相互照应。"种种颠毛拥绛纱，风生尘尾大非夸"，"颠毛种种"出自《左传·昭公三年》，比喻衰老。"绛纱"，是对师门的敬称。"尘尾"一般喻指清谈时的样子。此二句鹿善继的意思就笔者理解是：如今随着自己年龄的增长，懂得了越来越多的道理，现在对生徒讲的皆为自己的经验之谈。"传经自信经无字"乃是第二首诗的主题，与鹿善继平日所提工夫论相照应，即以"读书穷理"为手段，以"诚意慎独"为本。总体来看，鹿善继所要表达的是他教授生徒的态度与方法，其教授生徒（此诗为陈鋐所录，陈鋐即是生徒之一，其并没有记载是为谁而作，既如此，当为众人所作）意欲使众人为学为业应直达目标，不应拘泥于各种手段，同时警醒众人不要忘记本体为何。

崇祯九年（1636），漠南蒙古部落奉皇太极为"博格达·彻辰汗"，又称天聪汗，皇太极改女真族名为满洲，在沈阳称帝，建国号大清。此时朝鲜及内蒙地区威胁渐渐平息，皇太极便欲把主力部队用于对明作战。清军由东西两路入关，东路军之一部经今北京至河北方向进攻。七月二十二日，清军攻定兴。是时，鹿善继以普通百姓的身份力担大任，在送离家人后，主动入孤城出谋划策，助城守御敌，奈何城内多有当地豪强相互掣肘，事权不一，城外清兵势头正盛、兵多粮足，坚守六天后，城破，鹿善继死难。关于鹿善继守城死难的部分，有如下几种记载，述鹿善继壮烈殉国之情状。

---

① （明）王守仁. 王阳明全集［M］. 上海：上海古籍出版社，1992：210.

《二十五别史·明书》记载：

东师围定兴急，善继方郊居，以定兴神京外障，必守无失，遂入城督御，令子乡荐化麟留侍其父，而身登阵七日，力竭城破，矢贯其头而死。赠大理寺卿，谥忠节，赐祠曰忠烈。①

陈鼎在《东林列传》中以清军的视角记载：

九年七月，我兵攻定兴，善继时居江村，邑令请入城守，亲族劝勿行，善继曰："吾虽无城守责，每见士大夫非降即遁，吾所深耻。"遣子化麟奉太公避乱，亟入城为令部署。守御凡六日，城陷，大骂不屈，死之。

《明史·鹿善继传》记载：

九年七月，大清兵攻定兴。善继家在江村，白太公请入捍城，太公许之，与里居知州薛一鹗等共守。守六日而城破，善继死。

卷末赞曰："士大夫致政里居，无封疆民社之责，可逊迹自全，非以必死为勇也。然而慷慨捐躯，冒白刃而不悔，湛宗覆族，君子哀之。岂非名义所在，有重于生者乎？气节凛然，要于自遂其志。其英风义烈，固不可泯灭于宇宙间矣。"②

第二节　学术与著作

一、学术

（一）由虚转实

稽文甫先生评价晚明，认为它杂而不庸，嚣张而不死板，是乱世之音而非

① （清）查继佐. 明书 [M]. 二十五别史. 济南：齐鲁书社，2000：1607-1612.
② （清）张廷玉. 明史 [M]. 北京：中华书局，1974：6890-6891.

衰世之音，是旧时代的终结，亦是新时代的开始，认为它在超现实主义的云雾中，透露的是现实主义的曙光。它奢华无比，各处尽是新鲜商品与新颖的词汇，各种商品层出不穷的在市场中出现，码头的吞吐量大量增加，朝廷从国家的基础政策上保障了商业的繁荣，使得许多自由市场出现，这同时为生产者与消费者提供了诸多便利，而商人便在生产者与消费者之间左右逢源，在上述不同地域的自由市场上互通有无，晚明可以说是商人的天堂。

与此相关的则是知识分子思想的流变。因为自由市场并非只是商人的天堂，亦是知识分子文化交流的重要园地。而众多的自由市场为享乐主义滋生了土壤，它纵情恣肆，忘乎所以，以至达到超越此后数百年的高度。如李贽，其在《焚书·答邓明府》中说道：

> 如好货，如好色，如勤学，如进取，如多积金宝，如多买田宅为子孙谋，博求风水为儿孙福荫，凡世间一切治生产业等事，皆其所共好而共习，共知而共言者，是真迩言也。①

在李贽看来，所谓"勤学进取"也如"好货好色"一般，他肯定人的欲望，批判重农抑商，倡导享乐主义，其理念受泰州学派影响颇深，与传统道学家风格迥异。再如陆楫，在他看来，晚明的奢华之风是没有任何问题的，其在《禁奢辨》中有言：大抵其地奢，则其民必易为生，其地俭，则其民必不易为生者也。

李贽、陆楫等人正是晚明享乐主义盛行的一个缩影。而受享乐主义思潮的影响，晚明的许多人恣意放纵，其中不乏学者与朝中官员，被道德伦理所压制的欲望，在晚明似乎一起爆发了出来。

阳明学向来以"正心诚意"为目标，而晚明的社会状况却正与此相悖。与此同时，阳明学自身也于晚明时期逐步流入内容上的空虚，"现成良知"说甚嚣尘上，阳明后学的诸多学者常以此为念，遂有诸多阳明学的修正派应运而生，最为典型的即是王龙溪所列举的在他眼中的数种"良知异见"：

> 有谓良知非觉照，须本于归寂而始得，如镜之照物，明体寂然而妍媸自辨，滞于照，则明反眩矣。有谓良知无见成，由于修证而始全，如金之在矿，非火符锻炼，则金不可得而成也。有谓良知是从已发立教，非未发无知之本旨。有谓良知本来无欲，直心以动，无不是道，不待复加销欲之功。有谓学有

---

① （明）李贽. 答邓明府 [M]. 焚书. 北京：中华书局，2018：59.

主宰，有流行，主宰所以立性，流行所以立命，而以良知分体用。有谓学贵循序，求之有本末，得之无内外，而以致知别始终。①

北方王门是诸多阳明学修证派之一，而学风却又与龙溪谈到的聂双江、刘狮泉、王艮等人略有不同。在承认良知为本体的前提下，北方王门众人各人说法不拘一格，或"一元"或"二元"，或坚守矩矱或融会贯通。由于王学在南方与北方的流传存在时间差，在南方王学逐渐流入空虚的时候，北方王学的传布却还保留着王学初期的实用性特征。总结来说，晚明北方王门的学术特点为：把北学传统的重视伦理纲常的特点与传统阳明学结合，兼收并蓄，重志节，重事功、重实用。北方王门的第一代门人以山东堂邑（今山东聊城市）人穆孔晖（1479—1539）为代表，其人少时与鹿善继少时所得评价几乎一致，即所谓"颖悟凝重"，其学初事程朱，弘治十七（1504）年后，由于其时阳明主山东乡试而从学于阳明，晚年致力于三教合流之说。正如黄佐所说，穆孔晖其人"天性好学，虽王守仁所取士，未尝宗其说而非薄宋儒，晚年乃笃信之，深造禅学顿宗。"②北方王门此时便与南方王门诸派理念多有不同，其学风主融合与实用，虽其传人个人思想侧重点多有不同，然兼收并蓄之风格至入清也并未发生改变。北方王门第二代弟子以河南新安（今洛阳市新安县）人孟化鲤（1545—1597）为代表。孟化鲤师事尤时熙，其学讲究"无欲""真心"与"慎独"，其人热衷讲学，常以"实学"为标榜，正所谓"归而日用功夫，有所疑契，即随手录记，诣师门印证。"③北方王门第三代弟子以河南陕州（今河南三门峡市）人王以悟（1557—1638）为代表，王以悟从小便对理学大家曹端心向往之，后从师于孟化鲤，沉浸于阳明之说，而受其父影响，王以悟对佛学亦有所涉猎。可以说，王以悟的思想集程朱理学、阳明心学与佛学于一体，相当的驳杂，但总体来说，他的思想继承了阳明学的良知说，重简易而反支离，强调实用，如他在《重刊云浦孟先生语录序》中就认为当时的太多学者不辨儒佛同异，而致使崇尚虚无以求见性，针对这一点，王以悟举其师的例子，"云浦孟先生学本伊洛，功专主敬。故其言旨远而近，道大而实，不离日用平常，而弥造弥深"，意图以理学之实以补王学之弊。

而鹿善继是北方王门第四代门人的代表，他正是师出王以悟之门，而王以悟兼综多派的思想特点在一定程度上也被鹿善继所继承，所不同的是，鹿善继

① （明）王畿.抚州拟砚台会语.[M].龙溪王先生全集.清道光二年刻本.

② （明）黄佐.穆孔晖传.[M].北方王门集.上海：上海古籍出版社，2017：1163.

③ 孟昭德.孟云浦集[M].北京：中国文联出版社，2007：6.

对阳明之说的赞同程度甚于其师，其兼综多派的特点显现于理学内部，而从言语间可以看出，在本体论方面，其笃信于阳明的"良知"说，但是在为学方法的路径上和对一些传统儒学概念解释的重点侧重上却略有分歧而偏向于朱子学，同时，由于受到家庭背景、其另一位老师徐光启及其东林诸友的影响，使其思想中带有诸多偏向于实用的部分，并向着躬行实践之学的方向发展。不可否认，鹿善继强调读书、主张约礼，很大程度上有着程朱理学的影子，但就其学术主要特征而言，仍是以王学为主体，融合程朱，将之归属于北方王门的思想传承较为适宜。卢象升曾如此评价鹿善继之学：

公之学，本于余姚，出入朱陆，不为一家言，天下称其躬行实践。①

这个评价比较确定地揭示了鹿善继的融合会通、黜虚崇实的学术宗旨。

（二）交游

鹿善继一生与东林诸君子相交甚多，孙承宗为其师相，左光斗、周顺昌、魏大中等皆为其密友，而谈及其交游，又有两人是无法忽略的，一为孙奇逢，一为徐光启。孙奇逢乃鹿善继挚交，二人以名节相砥砺，友情贯穿一生。徐光启乃鹿善继明确承认的另一位老师，其经世致用的学风之于鹿善继影响颇多。现简要分述二人情况如下：

孙奇逢（1584—1675），河北容城人，字启泰，号钟元，是鹿善继最亲密的同志好友。孙奇逢作为清初理学的领军人物，其事迹自是颇多，现只介绍其与鹿善继的交游情况。孙奇逢"家室容城之士族，仕宦不显居家睦"②，受教于季父成轩，得承家学，而其家学则深受阳明学影响。与鹿善继相交是在万历二十五年（1597），二人的年谱皆有相关记载，"定交于杨忠愍公祠下"，"是年，孙启泰先生总角游泮，文名蔚起，啧啧乡党间。先生过容城，闻之，遂定交焉"。孙奇逢与鹿善继之交游中，有几件事不得不提，其一是天启五年（1625）的挽救东林诸君子事件。时魏忠贤之阉党初掌政务，对东林党人展开严酷的镇压，左光斗、魏大中、周顺昌等人皆被阉党称为"善类之宗、直臣之首"，尽皆被逮捕入狱，孙奇逢与鹿善继不顾危险酬金相救，奔走其间，"范阳三烈士"之名由此而得。据方苞《孙征君传》记载：

① （明）卢象升. 鹿太常传［M］. 上海：商务印书馆，1937：241-253.
② （清）孙奇逢. 孙征君日谱录存［M］. 卷三十二. 清光绪十一年刻本：756.

先是，高攀龙、顾宪成讲学东林，海内士大夫立名义者多附焉。及天启初，逆奄魏忠贤得政，叼秽者争出其门，而目东林诸君子为党。由是杨涟、左光斗、魏大中、周顺昌、缪昌期次第死厂狱，祸及亲党。而奇逢独与定兴鹿正、张果中倾身为之，诸公卒赖以归骨，世所传"范阳三烈士"也。①

由于此事颇为棘手，孙奇逢和鹿善继便找到了时任兵部尚书的孙承宗，也就有了后来阉党的所谓"清君测"兵谏。据方苞《孙征君传》载：

方是时，孙承宗以大学士兼兵部尚书经略蓟、辽，奇逢之友归安茅元仪及鹿正之子善继皆在幕府。奇逢密上书承宗，承宗以军事疏请入见。忠贤大惧，绕御床而泣，以严旨遏承宗于中途。而世以此益高奇逢之义。②

由于阉党矫诏促归，此次兵谏并未成功，左光斗、魏大中和周顺昌亦死于狱中，但是此次行动，打击了阉党初执政意图大权独揽的嚣张气焰，亦成功保住了东林诸君子的亲朋，孙奇逢与鹿善继斡旋其间，功不可没。魏裔介在《夏峰先生本传》中评述说："诸君子不免于死，虐焰方张，凡素往来者皆键户遁迹，无复过而问之。公急难拯溺，置身家性命于度外，而害亦卒未之及也。"③黄宗羲于此事称赞孙奇逢道："逆奄之焰，如火之燎原，先生焦头烂额，赴之不顾也。燕、赵悲歌慷慨之风久湮，人谓自先生而再见。"④

其二便是在孙奇逢的学术思想上，受鹿善继影响颇深，方苞《孙征君传》总述曰：

奇逢始与鹿善继讲学，以象山、阳明为宗，及晚年，乃更和通朱熹之说。其治身务自刻砥，执亲之丧，率兄弟庐墓侧凡六年。人无贤愚，苟问学，必开以性之所近，使自力于庸行。其与人无町畦，虽武夫悍卒工商隶圉野夫牧竖，必以诚意接之，用此名在天下，而人无忌嫉者。⑤

孙奇逢之学，总体来说属于王学，他于《四书近指》道：

① （清）方苞. 孙征孙征君传 [M] //方苞集. 上海：上海古籍出版社，1988：1113.
② （清）魏裔介：夏峰先生本传 [M] //孙奇逢，朱茂汉. 夏峰先生集，北京：中华书局，2004：1.
③ （清）孙奇逢. 夏峰先生集 [M]. 北京：中华书局，2004：343.
④ （清）黄宗羲. 明儒学案 [M]. 北京：中华书局，2008：1371.
⑤ （清）方苞. 孙征君传 [M] //方苞集. 上海：上海古籍出版社，1988：1113.

你看一点良心，之以为自然而然不得不然的，便是天地之所以为天地，鬼神之所以为鬼神，三王之所以为三王，后圣之所以为后圣。①

他也毫不吝啬对阳明的溢美之词：

阳明崛起，揭良知为宗，博约、知行合而为一。盖仲尼殁至是且二千年，斯道为之大光，而全体大用，立德、立言、立功随感而应，无处非道，无处非学，腐儒面目得阳明一洗之。②

而孙奇逢对王学的认知受鹿善继的影不可谓不大。《鹿忠节公年谱》多次记载鹿善继与孙奇逢关于学术思想的交流。

先是万历三十年（1602），孙奇逢替友问鹿善继其学"同出一源者何耶"，鹿善继答曰"得力固在《传习录》耳"③。万历三十二年（1604），孙奇逢会试不第，鹿善继相与探望，以阳明"世以不得第为耻，吾以不得第动心为耻"相劝勉。从万历三十三年（1605）开始，孙奇逢开始了六年的守墓，六年间，二人又常相与论学。后又于万历三十九年（1611），一同经历了孝廉薛一鹗诬谤之事。鹿善继大孙奇逢九岁，二人自万历二十五年（1597）孙奇逢十四岁相交至此，已一同生活了十五年，鹿善继之于孙奇逢可以说是亦师亦友般的存在，鹿善继的思想对于孙奇逢学术思想倾向的影响可想而知。

在学术交流方面，二人之弟子亦互通往来，据《孙奇逢集》记载，在崇祯三年（1630）时，"鹿先生家居讲学，与先生朝夕相聚，商学问大旨。两先生之门人皆互相问学，先生故遣子、侄就受业。"④ 陈铉在《鹿忠节公年谱》中亦记载过此类事，只不过时间是在崇祯五年（1632），"是年，启泰先生命其子立雅，偕伯叔昆弟来从先生学。"⑤ 鹿善继最重要的著作当属《四书说约》，今四库本《四书说约》中列有鹿善继门人名册，与孙奇逢之家人、弟子多有相合，此亦可为证也。另外，关于此书文字的表达及内容的修订，鹿善继与孙奇逢亦多有讨论。如在《孙奇逢集》中，有《与鹿伯顺书》，其中即言，"《四书说约》发前人所未发，此鹿子语录也，徐使君急欲付梓。弟因二三谵语去之，灭作者之兴。留之恐滋腐儒口实，须亲自为斟酌。"用我们现在的话

① （清）孙奇逢. 四书近指［M］. 卷三. 清同治三年刻本：96.
② （清）孙奇逢. 夏峰先生集［M］. 北京：中华书局，2004：343.
③ （明）陈铉. 鹿忠节公年谱［M］//儒藏·史部 第74册. 成都：四川大学出版社，2007：27.
④ （清）孙奇逢. 孙奇逢集［M］. 郑州：中州古籍出版社，2003：1390.
⑤ （明）陈铉. 鹿忠节公年谱［M］//儒藏·史部 第74册. 成都：四川大学出版社，2007：120.

来说，孙奇逢给鹿善继提的建议便是尽量去除口语化表达，去除戏谑之言，以免留人口实。现如今的《四书说约》流传最广的乃四库本，而其中已再无孙奇逢所说的这些戏谑之语，可见现存《四书说约》是鹿善继听从了孙奇逢的建议加以进一步加工了的版本。

此外，据鹿善继弟子陈鋐在《年谱》的序言所说，孙奇逢与鹿善继交游四十余年，鹿善继去世后，孙奇逢亦常代为照顾其父鹿正。

> 凡古之君子殁，而志传碑铭之外，又有所谓年谱者，备载其事以示后人。子之师为一代理学真儒，殉城后，完名全节，天下诵之，虽诸君子表章已力，然非年谱恐犹未能详也。夫年谱之任，吾以属子，子其勉之。①

可见《年谱》本身也为陈鋐在孙奇逢的指点与督促下完成的，亦可见二人所交之深厚。

徐光启（1562—1633），松江府上海县人，字子先，号玄扈。万历二十五年（1597）时举乡试第一而走向仕途，七年后，成进士。万历二十五年时，徐光启已然三十六岁，可以说其走向仕途的过程并不顺利，但也正是因为此，年轻时的徐光启得以有时间在入仕前接触西洋知识，与传教士互通往来，而天主教对徐光启一生的影响不可谓不大。

徐光启皈依天主教是在万历三十一年（1603），神父称其为徐保禄。而在与朝廷主张排斥天主教的大臣的论辩中，徐光启的学术思想态度才得以明确表露。

万历四十四年（1616），朝廷有排斥天主教之风，诸如"伤风败俗"、"有伤孝道"等词接连被用于天主教教义之上。徐光启在此背景下写《辨学章疏》维护天主教，此文亦展现了徐光启的学术思想特质：

> 彼国教人皆务修身以事上主，闻中国圣贤之教，亦皆修身事天，理相符合，是以辛苦艰难、履危蹈险，来相印证。欲使人人为善，以称上帝爱人之意。其说以昭示上帝为宗本，以保救身灵为切要，以忠孝慈爱为工夫，以迁善改过为入门，以忏悔涤除为进修。
> 诸陪臣所传事天之学，真可以补益王化，左右儒术，救证佛法也者。

从这段表述来看，徐光启的学术思想亦是中国传统儒家思想的变体。在徐

---

① （明）陈鋐. 鹿忠节公年谱［M］//儒藏·史部 第74册. 成都：四川大学出版社，2007：14-15.

光启看来，中国修身事天的理念与天主教教义亦相合，也就是说，这里的
"天"在徐光启的概念中与"上帝"有相似之处，具有人格神的意义。而徐光
启说天主教以昭示上帝为宗本，即是以为中国之儒学是以昭示"理"为宗本，
所谓"迁善改过"即是已发时察识，"忏悔涤除"即为未发时存养，而"左右
儒术，救证佛法"，便是"援佛入儒"的思想。可以说，徐光启的学术思想除
对"天"的理解与理学有异，其余诸如对修养工夫的论述则具有程朱理学的
典型特质。

　　相比于学术理论的研究，徐光启更为人称道的是其经济之学，其于天文、
历法、数学、测量、水利、盐策、农学等领域颇有见地，是晚明不可多得的经
世致用之臣。据《明史》记载：

　　帝忧国用不足，敕廷臣献屯盐善策。光启言屯政在乎垦荒，盐政在严禁私
贩。帝褒纳之，擢本部尚书。①

　　徐光启亦有多部经世之书留传，他还参加了《测天约说》《大测》《黄道
升度》《黄赤距度表》等书的具体编写工作，由此可见，相较于儒学的理论观
念，徐光启更关注的是日用民生及科学向度的事物。而鹿善继以徐光启为师是
在万历四十一年（1613），此年鹿善继会试赐进士出身，《年谱》记载：

　　先生出徐公光启之门，其贽徐公也，与贽王公同。后，徐公殁。先生为文
以祭之。略云："某受师恩，在风尘格套外，追意及门，群为执贽。某具八
行，以红白东当锦绣段，人皆目笑，师独心嘉，每于旅进旅退之余，容以不衫
不履之度。"②

　　由此可见，与王以悟多影响鹿善继之学术思想不同，徐光启对鹿善继的影
响多是于日用常行之中，而鹿善继倾心于经世致用之实学，与徐光启的影响是
分不开的。

二、著作

　　鹿善继一生著述颇丰，主要包括：
　　1.《四书说约》三十三卷，作于晚年，为其一生思想的凝聚，故细述之体

①　张廷玉. 明史［M］. 北京：中华书局，1974：6493-6494.
②　（明）陈鋐. 鹿忠节公年谱［M］//儒藏·史部 第74 册. 成都：四川大学出版社，2007：35-36.

例结构。鹿善继早年受祖父影响读《四书章句集注》，其思想受朱熹影响颇多，《四书说约》的解经顺序亦与朱熹《四书章句集注》相同，以《大学》《中庸》《论语》《孟子》排序。《四书说约》几乎解释了《四书》中的所有章节，基本体例以《四书章句集注》为本，每章以前四个字为标题，如"大学之道章""所谓诚其章"等。具体来说，其解《大学》两卷，卷一从"大学之道章"到"所谓诚其章"，共六篇；卷二从"所谓修身章"到"所谓平天章"，共四篇。其解《中庸》四卷，卷一从"天命之谓章"到"素隐行怪章"，共十一篇；卷二从"君子之道章"到"武王周公章"，共八篇；卷三从"哀公问政章"到"至诚无息章"，共七篇；卷四从"大哉圣人章"到"衣锦尚絅章"，共七篇。其解《论语》共二十卷，分为《上论》和《下论》两部分。上论十卷，卷一从"学而时习章"到"不患之人章"，共十六篇；卷二从"为政以德章"到"非其鬼而章"，共二十四篇；卷三从"孔子谓季章"到"居上不宽章"，共二十六篇；卷四从"里仁为美章"到"事君数斯章"，共二十五篇；卷五从"子谓公冶章"到"十室之邑章"，共二十七篇；卷六从"雍也可使章"到"如有博施章"，共二十八篇；卷七从"述而不作章"到"子温而厉章"，共三十七篇；卷八从"泰伯其可章"到"禹吾无间章"，共二十二篇；卷九从"子罕言利章"到"唐棣之华章"，共二十八篇；卷十从"孔子于乡章"到"色斯举矣章"，共十七篇。至此，《上论》终。《下论》共十卷。卷十一从"先进于礼章"到"子路曾皙章"，共二十一篇；卷十二从"颜渊问仁章"到"君子以文章"，共二十一篇；卷十三从"子路问政章"到"以不教民章"，共三十篇；卷十四从"宪问耻子章"到"童子将命章"，共四十五篇；卷十五从"卫灵公问章"到"师冕见及章"，共四十二篇；卷十六从"季氏将伐章"到"邦君之妻章"，共十五篇；卷十七从"阳货欲见章"到"年四十而章"，共二十五篇；卷十八从"一卷总论章"到"周有八士章"，共十二篇；卷十九从"子张曰士章"到"陈子禽谓章"，共二十五篇；卷二十从"尧曰咨尔章"到"不知命无章"，共三篇。至此，《下论》终。其解《孟子》七卷，亦分《上孟》与《下孟》两部分。《上孟》三卷，卷一从"孟子见梁章"到"鲁平公将章"，共二十三篇；卷二从"夫子当路章"到"孟子去齐章"，共二十三篇；卷三从"滕文公为章"到"匡章曰陈章"，共十四篇。至此，《上孟》终。《下孟》四卷，卷四从"离娄之明章"到"齐人有一章"，共六十篇；卷五从"舜往于田章"到"齐宣王问章"，共十九篇；卷六从"告子曰性章"到"教亦多术章"，共三十六篇；卷七从"由尧舜至章"，共八十三篇。至此，《下孟》终。《四书说约》亦于此结篇，共三十三卷。要另加注意的是，在《四书说约》中，又附有主旨性的篇目《认理提纲》

和《寻乐大旨》，是鹿善继教育思想、为学路径和处事态度的反映。

2.《认真草》共辑录文献十五种，"草"字在这里是取"稿子"的意思，"真"字正是鹿善继一生所追求之一字，而得《认真草》之名的原因，则缘于鹿善继于金花银案中的表现，孙承宗为警天下推诿不任者，故题为《认真草》，所以《认真草》即是和鹿善继有关联的部分奏疏、文章的汇编，内容包括《金花始末》《马房本末》《籽粒本末》《扶孤始末》《箧余》《农曹草》《粤东盐法》《福建盐法》《读礼草》《待放草》《典饷草》《枢曹草》《榆关草》《再归草》和《奉常草》。《金花始末》《马房本末》《扶孤始末》《箧余》《待放草》记政事；《籽粒本末》《农曹草》《粤东盐法》《福建盐法》《典饷草》《奉常草》记经济事；《读礼草》记文事；《枢曹草》《榆关草》记兵事；《再归草》记榆关请再归一事。

3.《鹿忠节公集》共二十一卷，内容较为庞杂，现分类以略述其体例。卷一至卷三为奏疏，如《请发帑疏》《请告疏》等；卷四为《覆疏》，如《覆袁应兆情罪》《覆山西抚臣募兵疏》等；卷五至卷七为《序》，如《眉山草序》《同难录序》等；卷八为《记》《纪》，如《定兴县籽粒折征记》《广东司署事纪》等；卷九为《墓志铭》《墓表》与《行略》，如《王母秦太夫人墓志铭》《宜人墓表》等；卷十只有一《议》，即《粤东盐法》；卷十一为《议》《说》《引》，如《福建盐法议》《车营说》《籽粒折征志引》等；卷十二为祭文，如《公祭范一泉先生文》等；卷十三为《疏》《赞》《启》，如《建胡令芳宇祠疏》《魁星赞》《答李建亭太守启》等；卷十四为《公移》，如《马房裁革呈堂》《议处土米关文》等；卷十五至卷二十一皆为《书》，如《答友人问边事书》《答茅止生书》等。如此看来，《鹿忠节公集》其实是其政治、经济方面的文章及书信、墓志铭等的汇编，每篇文章皆为独立篇章，并无必然联系。其外，《鹿忠节公集》由二人为其作序，一人为鹿善继的友人范景文，另一人为孙承宗与范景文的学生茅元仪。范景文于《鹿忠节公集》序中先是描绘了自己与鹿善继同朝为官的行状，继而描述了鹿善继的文集中所涉及的内容，如：

用意忠厚，措词恳恻。与君父言仁慈，臣子言敬孝，兄弟言友恭，朋友言贞信，上自君国朝庙之容，下及闺阃帷房之故。①

随之，范景文又在序中予以鹿善继以高度评价，如：

---

① （明）鹿善继. 鹿忠节公集［M］. 续修四库全书集部别集类. 湖北省图书馆藏清刻本：125.

伯顺立言之意，不模古，不规今，发乎情，止乎义理，百世之下，闻者犹将兴起焉。然此伯顺之文，亦即伯顺之人也。①

茅元仪亦在其序中对鹿善继之作为大为赞赏，如：

如是夫朴直如伯顺使无其言，则清忠节烈与日月不磨者，苟非作者极意摹写，不足以传其神也。②

下面依次介绍鹿善继本人的两篇除《四书说约》外，没有单独成书的重要著作——《认理提纲》与《寻乐大旨》。至于《四书说约》，则是本书第二、三章讨论的主要对象。

4.《认理提纲》。《认理提纲》作于万历四十一年（1613），后录于《四书说约》开篇以作为序。此文体例极为简单明快，开篇点出心学之底色，文中以"理"为"非人做作""非涉元空""非看妆象""非落畦径""非等待"和"非无穷"论述之，以"良心"为"理之神通"和"理之受享"，结尾点明"孔颜乐处"之真谛。鹿善继在开篇即言道：

吾辈读有字的书，却要识没字的理，理岂在语言文字哉？只就此日此时此事求一个此心过的去，便是理也。仁义忠孝，名色万千，皆随所在而强为指称也。奈何执指称者求理乎？指称种种原为人觌面相违，不得不随在指点，求以省悟，而人复就指点处成执滞，谈玄说妙，较量一字之间，何啻千里之差也？③

重体悟，一定程度上看轻皓首穷经之"学"，以心为体，以学为用，此话正是说明了鹿善继乃心学一脉之正传。而此亦与陈鈜所言相应：

学问之道，在先立其大者。大者何？良知是也。良知者何？独知是也。独知者何？知痛知痒之灵明是也。④

那么对"孔颜乐处"，鹿善继是如何理解的呢？鹿善继在结尾时道：

---

① （明）鹿善继. 鹿忠节公集 [M]. 续修四库全书集部别集类. 湖北省图书馆藏清刻本：126.
② （明）鹿善继. 鹿忠节公集 [M]. 续修四库全书集部别集类. 湖北省图书馆藏清刻本：128.
③ （明）鹿善继. 四书说约 [M] //续修四库全书经部第162册. 上海：上海古籍出版社，1996：500.
④ （明）陈鈜. 鹿忠节公年谱 [M] //儒藏·史部 第74册. 成都：四川大学出版社，2007：12.

孔颜蔬水曲肱，箪瓢陋巷，一日乐在其中，一日不改其乐。彼原自有把柄也。万物皆备一章，乐之本体工夫，皆尽矣。①

那么"乐之本体"又为何？

乐自有真，不是逍遥闲旷的生活。吾人心中有趣才得乐，而趣从何生？从不愧不怍而生，愧怍何由去？从自尽本分而去，如不奋发做起，只一味随俗浮沉，则本来之面目，不开世俗之缠缚，渐固因无用力处，遂无得意处。②

如此则较为明白了，因为"真"在鹿善继眼中即是"仁"的另一种表达模式，鹿善继道：

故仁为己任，即工夫已到，难忘犹病之怀，而内省不疚，即恂慄无息，自有心逸之妙。

由此可见，鹿善继对"孔颜乐处"的看法即是，"仁"是最根本的，"乐"只是达到"仁"之后随即即得的境界，不需刻意追逐，如何达到"仁"？即是以心为体，以学为用。这就是鹿善继在《认理提纲》中表达的内涵。而由于《认理提纲》为《四书说约》的序，其中自然也基本概括了《四书说约》中的教人大旨。

而关于此文，历来有两种说法。第一种说法，陈鼎据此文及鹿善继与东林诸君子的交游经历，在《东林列传》中评价鹿善继得程朱理学之正传，每教人以认理主敬为主；第二种说法则是据《四书说约》本篇得来，包括其弟子陈鈜在内，认为鹿善继之学是承阳明学正传。现在看来，第一种评价是有明显的误差的。鹿善继在文中提此日、此时、此事求一个此心过的去便是理，提人心与天并大，提宇宙内事皆分内事，这种"心即理"的提法在本体论上首先就是心学中常常提及的概念。而"大学之明德，中庸之性，论语之仁，皆是物也，乃合下生成本来面目也"一句更是表现了其心学的底色。我们知道，所谓明德、性和仁的概念，在新儒学的提法中是与古代传统儒学有区别的，新儒学的这些概念更偏重于内在行为而不是外在表达，而鹿善继的这种提法便是

---

① （明）鹿善继. 四书说约［M］//续修四库全书经部第162册. 上海：上海古籍出版社，1996：502.
② （明）鹿善继. 四书说约［M］//续修四库全书经部第162册. 上海：上海古籍出版社，1996：501.

阳明学中"意之所在便是物"的一种表达形式,是阳明所提意向作用与意向对象不可分割的呈现,是"心外无物"理念的体现。至于教人认理主敬又是怎么回事呢?这便涉及到鹿善继经常提及的"慎独"之功。儒家常提"慎独",甚至有儒家之学只是一个慎独的说法,只不过宋代之前的"慎独"针对的是外在的行为,提倡人们应该在独处时也要控制好自己的言行,就是所谓行为自律的概念。宋代,朱熹把"独"字重新解释了,即人所不知而己所独知之地,这就把原来行为自律的概念转化成了心理层面的自律概念,而朱熹又提未发为性,已发为情。主敬是在未发时的工夫,即让人保持主一无适的状态,用平实的话来讲就是心中既不能没有东西完全放空,也不能杂念太多,思虑繁杂,要保持敬畏之心,心存戒惧,心存天理。而慎独在朱熹那里是未发之后,已发之前的状态,即"几"的时候应所实行之功,这个时间点是朱学与王学区分的关键点。鹿善继在文中提道:

> 中心自尽,是其底本,戒欺求慊,内省无恶,全在人所不见处讨个心安,此暗然之所以异于的然也。若微涉体面,便与本来性命不相干涉,纵鸿勋伟伐,笼盖一时,而那块地方终未着底,如何摸得快活?如何熬得劫数?故万变中,入火不烧,万古中,历劫不化,全在暗然二字上得力。①

"那块地方"在这里指本体意义上的"心","暗然之地"就是人所不知而己所独知之地,"万变中,入火不烧"是已发之后,"万古中,历劫不化"是未发之前。可以看出,鹿善继对戒惧慎独之功的理解中是含有未发、已发的概念的,这就在承继王阳明对"慎独"的理解的基础上有所不同了,其所不同之处即在已发之后,鹿善继还强调修己与治人不得分,博文与约礼不得分,文章与性道不得分,慎独就是要融入这些所有的实践行为当中,这就又把变为心理自律的慎独概念拉到了心理与行为并重的位置,而阳明作为纯粹的"心一元论"者,其慎独的概念会自然淡化未发、已发的区分。其实这与鹿善继所处的大背景有关,当是时,"现成良知"说盛行于世,鹿善继痛恨于此,认为仅依靠心理内在的体验不足以改变世况,那么提出把慎独之功融入到各个阶段并重也就顺理成章了。另外,鹿善继从小学习朱熹的《四书章句集注》,思想受到朱熹影响也是颇为自然的事情。当然,这种说法自然超出了"心一元论"与"知行合一"的范畴,即使鹿善继本人并未察觉,这种理论内在的矛盾也是明末许多试图调和程朱之学与王学的学者所同时面对的困境。

---

① (明)鹿善继. 四书说约 [M] //续修四库全书经部第162册,上海:上海古籍出版社,1996:500.

5.《寻乐大旨》。《寻乐大旨》教授诸生，对"孔颜乐处"又有另一番言语：

周茂叔语两程寻孔颜乐处。乐者，生人之趣，如其不乐，为圣贤何益？而其乐处，岂没主意的放旷？原有人手着脚的生活，这个生活有端倪，无文字。端倪无可名，强名之曰性，以天地万物为一体，喜怒哀乐为发窍，而操功于慎独，此外无道，此外无教。性无可名，强名之曰仁，仁一体万物，而以孝弟为先，仁义礼智乐，其实总在孝弟。乐是乐此学，学是学此乐，孔子自谓好学，学之时义大矣哉，而学未易言也，学无着落，必堕玄虚，无把柄，必堕支离，尝为之言曰，着落在万物，把柄在一心，识得把柄，才好下手，大丈夫举头天外，此心此理皆同为圣为贤，在我至诚，自能尽性。其次尽可致曲，每叹真性，苦被作害看，看殆尽可泣也，尤可惧也，心既放，怎得不求所以有学有问？遍天下学问，只是谋求富贵，不谋求良心。真性不得出头，世道丧矣。苦海无边，回头宜早，认得我时，不必寻孔颜乐处，原学孔子的，已先寻着乐处，然不愤不乐，不乐不休，切勿以虚见承当。[1]

这里鹿善继发扬了宋儒的两个命题，一为"寻孔颜乐处"，二为"仁一体万物"。周敦颐常提"寻孔颜乐处"。所谓"孔颜乐处"是理想境界的问题，儒家知识分子的理想境界是成圣成贤，即"志伊尹之所志，学颜子之所学"。儒家讲内圣外王，伊尹是儒家外圣理想的代表，致力于治国理政和民生问题；颜渊是内圣理想的代表，致力于个人的道德修养。周敦颐说：

颜子"一箪食，一瓢饮，在陋巷，人不堪其忧，而不改其乐"。夫富贵，人所爱也，颜子不爱不求，而乐乎贫者，独何心哉？天地间有至贵至富可爱可求，而异乎彼者，见其大、而忘其小焉尔。见其大则心泰，心泰则无不足。[2]

为何有"仁一体万物"的说法？那是因为我国的文化中，常把天道与人道放在一种和谐相处之境地来看待，这点与西方文化有极大的不同。正如《周易·泰·象》所言："'泰，小往大来。吉，亨。'则是天地交而万物通也，上下交而其志同也。内阳而外阴，内健而外顺，内君子而外小人，君子道长，小人道消。"[3] 而这里的"大"和"泰"都指向一种超越性的心理体验，即人

① （明）陈鉽. 鹿忠节公年谱 [M] //儒藏·史部 第74册. 成都：四川大学出版社，2007：115-117.
② （宋）周敦颐. 周敦颐集 [M]. 北京：中华书局，1990：31.
③ （清）阮元. 重刻宋本周易注疏 [M]. 清嘉庆二十年刻本：41.

生中有大于生命者，这点又与邵雍"以物观物"说相呼应。鹿善继在这里要表达的是，"寻孔颜乐处"，即希望人有一种凌驾于物质欲念之上的道德情操与理想境界。

程颢在《识仁篇》中常提"浑然与物同体"，张载更是把此"仁体说"发扬光大。理学所不同于古代儒学者，对仁的理解乃是重要的表现。先秦的儒家思想理解仁，或强调克己复礼，或强调博施济众，这是一种偏向用于内而发于外的路径。而许多的理学家，他们是不认为这种表现就是仁的，他们认为仁是一种精神境界，是与天地同体的，它不仅是小我的表现，亦是宇宙之大本，"我"不再是"我"，而是天地万物。在有了这种思想上的升华之后，就会自然发现，所谓克己复礼、刻意压抑自己去存养都是不存在的，道德行为的"他律"就自然变成了道德行为的"自律"。儒家并不认为所谓的"自律"乃是一痛苦存在，相反，这种他们认为"自律"来自人的天性，成长于人的学习过程当中，本质是更高级的快乐。这也是鹿善继所说的"着落在万物，把柄在一心，识得把柄，才好下手，大丈夫举头天外，此心此理皆同为圣为贤，在我至诚，自能尽性"。其实鹿善继对"孔颜乐处"的理解与明初大儒曹端有相似之处，他们的核心都是要人抓住一个"仁"字而非单单一个"乐"字，认为"乐"是达到"仁"之境界后自然表现的内在心理状态，这就把儒家的终极取向与快乐主义进行了区分。

第二章 鹿善继《大学》《中庸》诠释

把鹿善继对《大学》《中庸》的诠释放在《论语》《孟子》之前介绍，主要是由于《四书》的作用并不相同。在《四书》中，对《大学》《中庸》的解释，是宋明理学的最大特色之一（王学尤重此二书）。《大学》本非儒家重要典籍，唐代韩愈开始推崇《礼记》中的《大学》，他把《大学》中"圣人可学而得"的思想与两汉以来的性三品说相结合得出了较为有特色的人性论。而《中庸》为韩愈的弟子李翱所推崇，李翱相比于韩愈，更注重精神层面的问题，并在《复性书》中进一步拉高了《中庸》的地位。北宋二程把《四书》之名并提，南宋朱熹倾毕生心血于《四书》之上，作《四书章句集注》，后，《四书章句集注》成为国家科举考试的内容和答案。而在笔者看来，《大学》的"格物致知"和《中庸》的"心性修养论"是理学所区别于古典儒学的最大特色之一，儒学整体思想的发展从外向内的收缩，在这里也有非常明显的一条线索。本章的内容主要是朱熹、阳明和鹿善继对《大学》《中庸》的重点内容解释的对比，以期发现字词解释、文本诠释的发展轨迹、调和朱王之说的内在矛盾及鹿善继思想的独特之处。由于朱熹和鹿善继皆有专释《四书》之著述而阳明未有，加之鹿善继之说多有承阳明之处，因此把阳明对《四书》的一些重点内容的解释而不同于鹿说之处融于对比之中以资发明，相同部分不再单独列出。

第一节 鹿善继的《大学》诠释

此一部分节选了两个重要的章节作为阐释的内容，分别为《大学之道章》和《所谓诚其章》。之所以选此二章，其一，"大学之道"章作为鹿善继解释《大学》的核心章节，涉及理学中的诸多问题，如"新民""亲民"之辨、至善发于内还是发于外、修身与本末的关系，格物是穷理还是正心等；其二，

"所谓诚其章"涉及的主要问题是"诚意",对"诚意"地位的不同解读彰显了朱、王学术差异,而鹿善继在"诚意"问题的认知上具有自己独到的见解,融通朱王、黜虚崇实的思想在此亦可发见于一端。

一、《大学之道章》

《大学之道章》是鹿善继解释《大学》的首章,释儒家内圣外王的原则及为学之法。《大学之道章》有如下几个重点的部分,对"大学"概念的诠释、对"至善"的理解、对"新民"的解释、对"修身"与"本末"关系的理解及"格物"与"诚意"的关系问题,每部分前后相承,完全可以展现一位学者的思维逻辑链条。

《大学》言"大学之道",曰:

> 大学之道,在明明德,在亲民,在止于至善。① (此乃古本,非程朱改本)

朱熹云:

> 大学者,大人之学也。明,明之也。明德者,人之所得乎天,而虚灵不昧,以具众理而应万事者也。但为气禀所拘,人欲所蔽,则有时而昏。然其本体之明,则有未尝息者。故学者当因其所发而遂明之,以复其初也。新者,革其旧之谓也。言既自明其明德,又当推以及人,使之亦有以去其旧染之污也。止者,必至于是而不迁之意。至善,则事理当然之极也。言明明德、新民,皆当至于至善之地而不迁。盖必其有以尽夫天理之极,而无一毫人欲之私也。此三者,《大学》之纲领也。②

首先是"大学"的概念,朱熹释"大学"为大人之学,这里的大人之学指向知识性结构,即人到了应掌握"大学"的年龄,就应当掌握的知识,而这种知识性结构的流向,在朱熹看来是外在知识向内在道德价值的复归。"天理"本来存在,而"理一分殊"如"月印万川",人禀受天理,以"虚灵不昧"之心"应万事","应万事"看似是在事事物物上用力,实则是用力于外而感应于内,即应万事之德。为什么要"明明德"呢? 因为"理"虽至善而

---

① (宋) 朱熹. 四书集注 [M]. 南京: 凤凰出版社, 2016: 4.
② (宋) 朱熹. 四书集注 [M]. 南京: 凤凰出版社, 2016: 4.

人皆具之，但人却被禀受之气所拘，要回归至善之理，便要复本体之明，"明明德"便是"复明德"。其次是"新民"的概念，我们看到，古本大学原句并非"新民"而是"亲民"，朱熹的解释带有鲜明的特色，所谓"革其旧之谓也"，有两层含义，一对统治者而言，一对普通民众而言，对统治者来说是管理治下之民的要求，对普通民众而言，则是发扬明德，推己及人，这些即是理之所在。再次是"止至善"的概念。止，定要到达而坚持不动之意。至善，事理所当然之极点。朱熹对"所当然""所以然"的概念是分非常细致的，"所当然"即人应如此，"所以然"即理本如此，"必然"指自然法则，"当然"指道德法则。(陈来先生在《宋明理学》中指出，阳明的心即理说，只提出了对当然之理的一种解释，而对事物中是否存在必然之理，这一类物理能否归结为心之条理、格此心能否穷尽此类物理，都没有给予回答，这是其理论内部的问题。《宋元明哲学史教程》中，陈来先生指出，阳明把"理"基本上了解为道德原理，其所用"心"亦不是泛指知觉而言，而是就本心来谈。劳思光先生在《新编中国哲学史》中亦指出，阳明对认知事物规律及独立意义的知识活动，皆未加探索。后文逻辑皆在此基础上来谈。) 在朱熹看来，"止至善"之后，人必定是处于"存天理，灭人欲"的状态，即"盖必其有以尽夫天理之极，而无一毫人欲之私也"。鹿善继总论此章：

　　《四书》中，"学"字总以此章为头脑，说个大学之道，要着人抬起头来认认生来性命，莫把原大的家当自家小了，即紧说个近道之方，要着人寻着把柄——脚踏实地，莫把有定的路数自家差了，晓得从本上做，而道自得矣。通章，只"修身为本"一句，可以尽之。①

　　论"大学"一词之概念，曰：

　　大人之学，大人之事也，天下何事最大，曰，在"明明德"。见不明明德不可以为大学也。又曰"在新民"，见不新民不可以为明明德也。又曰在"止于至善"。见不止至善不可以为新民，即不可以为明明德也。止于至善，以新民而明其明德，大人之学，其道如此，然民事不易言矣。要把民事做到至善，非寻尝思虑可得，天下无穷之计算，出于有定之心体，不可向民上求安排，只从德上求透悟，不知止而能得者，天下乌有。②

　　① （明）鹿善继. 四书说约［M］//续修四库全书经部第162册，上海：上海古籍出版社，2002：502.
　　② （明）鹿善继. 四书说约［M］//续修四库全书经部第162册，上海：上海古籍出版社，2002：503.

由于"大学"和"明明德"息息相关，所以继而，他又谈到了"至善"：

孔子眼见治天下国家的都径在治人上做，全不治己，纵才情驱驾，成个小康而到不得至善去处。人自有个虚灵一窍，万物同体，是天命之为人性，乃至善之理，只为人于此处不曾透现千思百虑，只在天下上搜求，便民风主德，总不到家，舍己而求民，两失之也。①

对这一部分的阐释，就可以看出鹿善继调和程朱和陆王的学风。对"大学"的解释，鹿善继与朱熹有一个细微的差别，尽管只是语序上的调整，但含义却并不相同。鹿善继对"大学"的解释，相比于朱熹用于外而感于内的认知模式，是感于内而发于外的，他所理解的大人之事，道德价值明显优先于知识性结构，"天下何事最大，曰，在明明德"，即把"心"作为本体，"明明德"乃在本体上用功，这是与"复归"概念不同之处。而"新民"这里，鹿善继虽是沿袭朱熹的说法，与阳明"亲民"之说不同，但是其含义却也与朱熹相别。鹿善继认为"新民"是与"明明德"相与发用的，而"明明德"在鹿善继看来是在心之本体上作的工夫，那么"新民"就是"明明德"的外在表现，即是人民的道德价值理念的提高在实践行为上的表现，它更多的体现的是一种个体的主观能动性。而阳明在这里认为古本大学的"亲民"更为妥当，阳明说：

下面治国平天下处，皆于"新"字无发明，如云"君子贤其贤而亲其亲，小人乐其乐而利其利，如保赤子；民之所好好之，民之所恶恶之，此之谓民之父母"之类，皆是"亲"字意。"亲民"，犹孟子"亲亲仁民"之谓，亲之即仁之也。百姓不亲，舜使契为司徒，敬敷五教，所以亲之也。
说"亲民"便是兼教养意，说"新民"便觉偏了。②

可以看到，阳明说"亲民"首先是基于文本，其次是基于自己对"仁"的体验，他认为"修己"即"明明德"，"安百姓"即亲民。而鹿善继说"新民"不说"亲民"，便是以为"新民"是自新之民，这里与阳明一致，然却非"安百姓"以得"亲"。而自新之民，又是内重于外，非朱熹认为的天理的延

---

① （明）鹿善继. 四书说约 [M] //续修四库全书经部第 162 册，上海：上海古籍出版社，2002：502.
② （明）王守仁. 王阳明全集 [M]. 上海：上海古籍出版社，1992：2.

伸。对于"止至善"的理解，鹿善继与朱熹也是有不同的，"止"字，鹿善继理解为止步，"止至善"即知满足、知进退，把民事推到至善的地步后，就该知止了，不应继续以此为由向人民索求，而应继续修身养性，"从德上求"。鹿善继对"止至善"的解释其实是实践行为向内在道德价值的复归，"新民"与"止至善"在鹿善继看来是相资以为用的，"新民"内发于外，"止至善"外回归于内，内外结合。而阳明释"至善"又与鹿善继不同，在阳明看来，"至善"是完全内化的：

至善只是此心纯乎天理之极便是，更于事物上怎生求?①
爱问："至善只求诸心，恐于天下事理，有不能尽。"先生曰："心即理也。天下又有心外之事，心外之理乎?"②

鹿善继对"至善"的理解与阳明不同，主要是由于鹿善继所处的时代"现成良知"说甚嚣尘上，对内心体验过于重视导致空疏之病肆意传播，时代要求外与内的结合，实践与内省的相资为用。所以，鹿善继对《大学》首句的诠释还是有自己的独到理解的，这与其所处时代阳明学越来越偏重于内的大背景相关。

对"修身"和"本末"关系的诠释，主要在"知止而后有定"一节。

知止而后有定，定而后能静，静而后能安，安而后能虑，虑而后能得。物有本末，事有终始，知所先后，则近道矣。③

朱熹云：

止者，所当止之地，即至善之所在也。知之则志有定向。静，谓心不妄动。安，谓所处而安。虑，谓处事精详。得，谓得其所止。明德为本，新民为末。知止为始，能得为终。本、始，所先。末、终，所后。④

---

① （明）王守仁. 王阳明全集 [M]. 上海：上海古籍出版社，1992：3.
② （明）王守仁. 王阳明全集 [M]. 上海：上海古籍出版社，1992：2.
③ （宋）朱熹. 四书集注 [M]. 南京：凤凰出版社，2016：4.
④ （宋）朱熹. 四书集注 [M]. 南京：凤凰出版社，2016：5.

此节主要是对"修身"和"本末"的诠释。在朱熹看来,"定"字是如何实现人内心中和的问题,即修养论问题。朱熹以为,修身从"知"开始,以"得"结束。所谓"知之,则志有定向","知"即了解万事万物,了解了外在的知识,然后人的志向就可以确定,确定后就要着手,着手后,要保持心的"静""安"和"虑"。"静"和"安"是未发状态,"虑"为已发状态,所谓"心不妄动""所处而安"即要求人在未发之时保持诚敬的状态,时时省察克治,"处事精详"即涵养未发后得到的已发的结果。"明德为本,新民为末"其实是许多理学家的共识,"格物"也好,"致知"也罢,朱熹所提出的认识论、工夫论大体也不离"本",朱熹要做的,即是把天理的外在他律转变为人的道德自律,其他手段只不过是完成此目标的形式路径。所谓"本立而道生",当道德他律转变为道德自律,以"德性"为基础的社会结构能够彻底稳定下来,这即是朱熹的主要目的。

鹿善继释此节,曰:

> 教人两得之道,是个修身,而修身为本之所以然,在"知止"一节。惟其知止而后能得,故须以修身为本也。至善是明德之本体,其着落在天下,而非有一定格式之可执,即圣人欲得至善,亦须要虑,而此虑如不从明善来,便非定中境界、静中精神,安中意绪,怎得至善?可见治天下的算计,都从本来面目上生出,离却治身,径去治人,便是以昏镜照物,安得不以修身为本。物有本末四字,开举世之迷,事即跟物来,处物即是事。惟有本末,故有终始,知所先后,非做了本,再做末,只一味在本上做也。亦非遗末不做,做本原在末上做也。[①]

这里鹿善继的解释与朱熹形成了相对的风格,朱熹的解释主要是外在知识返于内心道德伦理,而心又统合未发与已发,所以朱熹在这节里的解释主要是强调内修的重要性。反观鹿善继的解释,鹿善继同样强调内,所不同的点是鹿说同样强调"着落在天下,非有一定格式之可执",也就是在鹿善继看来,单单凭人的内修是不足以得至善的。鹿善继虽依然说修身为本,但是在后面又补充了"非遗末不做,做本原在末上做",这就把"末"的位置拉高了,"末"就成了"本"的用,而非与"本"相对之一面,这是值得注意的。

论"本末"时,《大学》有言:

---

① (明)鹿善继. 四书说约 [M]. 续修四库全书经部第 162 册,上海:上海古籍出版社,2002:502.

自天子以至于庶人，壹是皆以修身为本。其本乱而末治者否矣。其所厚者薄，而其所薄者厚，未之有也。①

这一部分中，最主要的是格物之说。朱熹首先对几个关键字进行了解释。对于"心"，朱熹解释为"身之所主"，"意"解释为"心之所发"。阳明这里明显也是受到朱熹影响，阳明也说："身之主宰便是心，心之所发便是意，意之本体便是知，意之所在便是物"。但是在之后的解释中，朱熹和阳明就出现了分歧，朱熹释"格物"，有明显的外向型取向，他释"物格"为"物理之极处无不到"，释"知至"为"吾心之所知无不尽"，而格物在致知之前并分"格"与"知"为二，从知行论的角度来说，是先格物而得知识，格尽天下万物，则知识扩充于吾心，然后吾心发于外，则可齐家治国平天下，这是一种在逻辑上先知后行的知行论，即所谓"众物之表里精粗无不到，而吾心之全体大用无不明矣"。阳明则不同，首先是"格"，朱熹释"格"为"至"而阳明释"格"为"正"。其次对"格物"的解释，阳明认为"格物"是"诚意"的工夫。阳明说：

如意在于事亲，即事亲便是一物；意在于事君，即事君便是一物；意在于仁民爱物，即仁民爱物便是一物；意在于视听言动，即视听言动便是一物。所以某说无心外之理，无心外之物。《中庸》言"不诚无物"，《大学》"明明德"之功，只是个诚意。诚意之功，只是个格物。②

阳明讲意之所在为物，则格物诚意表面上来看是阳明仅在已发上用功，其实意之所在为物强调的是意向作用与意向对象的不可分割性，在提举某所在为物这种类似的概念时，"所在"二字便已内涵了"未发"的范畴，即未发已发皆是一物。而统合了未发已发的格物，便在逻辑上没有了先后的概念，这在知行论上便是所谓的"知行合一"。

鹿善继释此一部分，曰：

所谓修身为本，言我只事事自修，而天下已平了。天下、国家、身、心、意、知、物，原在一处，偶举其一事，而各样齐到，不然八件可先干那一件。身处天下国家之中，与相感应，物感此身，此心便起一意以应之。应物者，失

---

① （宋）朱熹. 四书集注［M］. 南京：凤凰出版社，2016：4.
② （明）王守仁. 王阳明全集［M］. 上海：上海古籍出版社，1992：6.

其理，便是身不修，而不修不管身事还是心，失其正心，原无不正，至于不正者，因所起之意未得诚意，即未诚，却非本心，果然不知为欺为慊，良知自在也。良知既在而不得致者，又不是在知上有不能解之物，乃在物上有不实尽之知也。总之，人在天下国家之中，以身应物而心动一意，意有诚伪，而难昧独知，物以知为提衡，而知以物为着落。致知者，随其物之感而实依本然之知以应之，使物无不妥，所谓知之明，处之当也。此之谓格物，此之谓诚正修身而齐治均平，一通在内。①

这里鹿善继的解释其实就是对阳明"知行合一"说的另一番表述，如鹿善继解释为什么良知存在而有时却无法正常显现，他说这不是在知识上用功不到位，关键是在实践中未能同时致良知。这里也可以看到，鹿善继是同意格物为正心、格物为诚意之功的说法的，也同意"良知"为本的说法，他说格物便是正心，心原无不正，为什么有不正之心呢？因为尚未诚意，而未诚意之心便非本心。要注意的是，在这里鹿善继就已特别拉出了"慎独"的概念，所谓"难昧独知"正是教人"慎独"。

二、《所谓诚其章》

此章涉及诚意与慎独。朱熹释"闲居"为独处，释"独"为人所不知而己所独知之地。朱熹对"独"的解释是值得注意的，在此之前，汉代大儒郑玄也曾释"独"，所不同的是郑玄解释的含义为"慎其闲居之所为"，提此的原因是郑玄以为"小人"在独处时是肆无忌惮的，或者说是在自以为别人看不见时会略无忌惮，而君子反是。"所为"即行为之所当为，从此一点来说，郑玄所理解的"慎独"乃是外在行为的高度自律。朱熹不同，朱熹的解释是从外在行为转到了人的内心世界，所谓"慎独"，朱熹解释为人要审慎的对待自己的内心。进一步，他提出了"慎独"的具体时间节点，"盖有他人所不及知而己所独知之者，故必谨之于此，以审其几焉"。②"几"就是朱熹所提出的人应"慎独"的时间节点。"几"是处于未发和已发之间的一个瞬间，阳明学的学者习惯把这个瞬间称做"念"。朱熹区分未发和已发的时间节点是相当谨慎的，诸如"诚敬""戒慎"和"恐惧"等等概念就皆是未发时的概念，那么"慎独"在朱熹看来就是在人的念头将要发动的那一瞬间所应具有的修养工夫，具体说来就是存天理之本然，灭人欲于将萌。阳明对"慎独"的解释

---

① （明）鹿善继. 四书说约 [M]. 续修四库全书经部第162册，上海：上海古籍出版社，2002：503.
② （宋）朱熹. 四书集注 [M]. 南京：凤凰出版社：8.

更多是对"良知"的阐发，这点我们在后文解读《中庸》首章时来进行对比，而在这里阳明更多的是关注"诚意"的概念，阳明常引"如恶恶臭""如好好色"来说明"诚意"与"知行合一"，如："见好色属知，好好色属行。只见那好色时已自好了，不是见了后又立个心去好"。①

鹿善继释此节，曰：

"诚其意"，"慎其独"，不是两事。诚意是主意，慎独是工夫。两个"慎独"又不是两事，前慎是议论，后慎是发明，中间两"慎独"相连以申说求痛快，首尾两"诚意"相应，以推究求恳切。圣贤不以板样道理正襟论是非也，全以自在不自在上动人。人情畏外不畏中，以其独知之地指视所不到也。故外面事体，还求做模做样，责以诚意，一假生活，绝没肯上这船的。夫诚其意，是毋自欺，毋自欺是能自慊。此境不对一人，此几不容半错，人关鬼关，自出自入。故君子慎独，下一"必"字煞有力量，对君子下一小人，小人只是个不省的独字，他为不善于闲居，而搦著空劳肺肝，如见则诚中形外原是不易之理，而君子即欲不慎独敢乎哉？十目十首有味乎？曾子之戒心于独也，谁谓独可不慎，而任其意之不诚也，素为不善者，心忙手乱，莫掩其中之恶，身诚有德者，心广体胖，莫过其中之善，中外原是相因，苦乐皆人自取，从长计议，不诚可乎？君子知诚中而形外也，安得不戒欺而求慊也？通章境界在戒欺求慊上讨说得极微，入人肺腑。通章精神在诚中形外上振说得极严，悚人毛骨。默然情状，润身光辉，比得极明，醒人心目。曾子万人必往，是极大胆的人，提起独来，却十分害怕，只为他眼明手快在独，对处大用戒严，遂落得在大众前异样舒展。此书千载下，玩之若新，有志者试试诚形之理至今还灵不？这一章诚意是题目，君子慎独，政为要诚其意也。故尾以"故君子必诚其意"结之，"必诚其意"就指着必慎其独说。②

鹿善继的解释明显承继了两家之说，他关注"诚意"，认为"诚意"为此章之最重要的部分，同时他又说"诚意"不可离"慎独"，把"慎独"的地位又拉得极高，既认为"慎独"是修习至诚之道的必要手段，如《周易·复·六四》所言："中行独复"（独复，慎独自反也），也认为"慎独"应与君子之行相互关联，如《周易·夬·九三》所言："君子夬夬独行，遇雨若濡，

① （明）王守仁. 王阳明全集 [M]. 上海：上海古籍出版社，1992：5.
② （明）鹿善继. 四书说约 [M] //续修四库全书经部第162册，上海：上海古籍出版社，2002：506-507.

有愠无咎"（虽有愠，但心慎独无疚而无愧，故无咎也）。本来如果单单如此，则鹿善继之说是标准的王学说法，但所不同的是，鹿善继这里并非秉持的阳明学"心一元论"的立场。通篇读下来，鹿善继讲诚意乃是未发时的状态，而讲慎独时也提"几"的概念，也就是说，在潜意识当中，鹿善继对"慎独"的理解是同意朱熹的说法的，这点在解读《中庸》首章的时候表达得更为明确。但是鹿善继的王学底色也是非常清晰的，不能因此而把鹿善继归于朱熹学。因为鹿善继在一开始就说"诚意"为主意，"慎独"为工夫。"诚"即"敬"，朱熹学的"诚敬"概念是不作为主意来讲的，"诚敬"只是工夫，而把"诚意"作为"本"来说的是标准的阳明学取向。这里对朱熹慎独思想的吸收，主要有三个方面的原因，其一，是受其从小对《四书章句集注》文本学习的影响；其二，是其与早年学习程朱之学的孙奇逢交往甚密，思想会不自觉间相互影响；其三，基于时代背景下的思想悖反，他有意取朱子学之意来教人用功于未发之后、已发之前，以达到未发已发同时用力，避免空疏之病（需注意，鹿善继的思想并非阳明学传统上讲的、纯粹的"心一元论"，而其自身对此并没有清晰的认知）。

第二节　鹿善继的《中庸》诠释

《中庸》主要探讨的乃是精神生活和精神修养方面的问题，此处节选的章节涉及的问题亦是主要在于修养的工夫、心性论中的概念方面，主要包括对于未发已发的理解、对于"中庸"的理解、对"慎独"的看法、对"鬼神"所牵涉的理气关系问题的探讨和对于"诚"的解释等。此外，鹿善继对"礼"在《中庸》中有一大段完整的解释，表达了其对于"礼"的态度及其融会朱王的学术风格，尤其值得注意。

一、《天命之谓章》

1. 关于未发已发的解释，《中庸》言：

天命之谓性，率性之谓道，修道之谓教。道也者，不可须臾离也，可离非道也。是故君子戒慎乎其所不睹，恐惧乎其所不闻。莫见乎隐，莫显乎微，故君子慎其独也。喜怒哀乐之未发，谓之中；发而皆中节，谓之和。中也者，天下之大本也；和也者，天下之达道也。致中和，天地位焉，万物育焉。①

　　理学家中，最先发散未发已发概念的是程颐，朱熹继承了程颐对未发已发这对概念理解的思路与重视未发涵养的工夫。此章中朱熹提出了性即理的观点。朱熹释"命"为"令"，释"性"为"理"，认为世间本来存在着"理"，其"理"人人具有，人只需循其自然，而循当行之事时便自然会发现日用常行之道。那么既然"理"人皆有之，且都禀受于天，为何人和人之间会有不同？朱熹说"性道虽同，而气禀或异，故不能无过不及之差"②，这就继承了张载的天命之性与气质之性的说法的同时，用气禀的偏正解释了人为何不能自然达到"中和"的境界。那要如何才能达到"中和"的境界呢？那就要保持敬畏之心，此敬畏之法即指未发时工夫。前文说过，朱熹严格区分未发与已发的时间节点与工夫名称，如"敬畏""戒慎""恐惧""主一无适"等概念皆是指未发时来说，"慎独"单指未发与已发之间的"几"来说，而如"省察克治""克己"等说法皆是就已发而谈。举一个例子来说明何谓未发时应保有的状态，比如人在睡觉时，假如难以入眠，这时有人会数数字，有人会数绵羊，有人会想一些自己感兴趣的事来促使自己尽快入睡，程朱一脉的普遍观点则认为这时正是用功之时，应在心中保持存有，这个存有就是"一"，而这个"一"并非是数字意义上的"一"，而是"天理"的化称，保有了这个"一"的同时便不会有其他念想，这便是"主一无适"。这里还牵涉到"性""情"与"心"。朱熹曰：

　　喜、怒、哀、乐，情也。其未发，则性也。无所偏倚，故谓之中。发皆中节，情之正也。无所乖戾，故谓之和。
　　……
　　自戒惧而约之，以至于至静之中无少偏倚，而其守不失，则极其中而天地位矣。自谨独而精之，以至于应物之处无少差谬，而无适不然，则极其和而万物育矣。盖天地万物本吾一体，吾之心正，则天地之心亦正矣；吾之气顺，则天地之气亦顺矣。③

　　在朱熹看来，未发乃是性，已发乃是情，心统性情，心正则理正，理正则

---

① （宋）朱熹. 四书集注 [M]. 南京：凤凰出版社，2016：17.
② （宋）朱熹. 四书集注 [M]. 南京：凤凰出版社，2016：17.
③ （宋）朱熹. 四书集注 [M]. 南京：凤凰出版社，2016：18.

天地正。要注意的是，这里的心没有本体的概念，更多的是作为性与情之媒介，统在这里取"兼包""统合"之意。朱熹以心统性情阐述此节，乃为告知学者只有"反求诸身而自得之"，才可"去夫外诱之私，而充其本然之善"①。

鹿善继释此节，曰：

人之所以与天地万物相酬酢者，喜怒哀乐也，而喜怒哀乐所以干天地之和，伤万物之命者，不中不和也，喜怒哀乐所以不中和者，不依着天命之性也。天地万物皆为一体者，天命之性也。人所以不依着天命之性者，自私自利之心也，而自私自利之所以夺天性之权者，在不睹不闻之地也。人之不戒慎恐惧者以为隐微也。君子之必慎者知其见显也。慎之者，去其自私自利之念以复吾天地万物一体之性也。累性者去而性为主，所以喜怒哀乐未发而不偏倚，既发而不乖戾也。不偏倚故可为千变万化之根原，不乖戾故可为六通四辟之作用也，所以极其中和而天地万物联成一气以位以育也。

人生来都抱着一点天地万物一体的良心，不离方寸，涵盖乾坤，这便是现在生成不费一毫人为的本体，顺而行之，莫才上后天意思便是道，才上意思便把道坏了。故君子为天下教主，只是修道，道原不是须臾可离的东西，而人之离道不是在见显上，才离其失着处全在不睹不闻之中。盖人心与天性争权处全在此，此处不着实下手，容贼在内，我以为隐微而容之，渠得我一容，遂逞其志。天下之溃决泛滥，不可收拾者，即是此物，君子眼明手快，拼死力与他鏖战，务要斩尽杀绝者，诚知道十分利害，而不得不如此小心也。人在见显上怕，君子在隐微上怕，亏他具眼有之，等会下手的人才把私心扫净，扶起原有的天命，坐了主位。喜怒哀乐未发时，那得偏倚，既发时，那得乖戾来。夫未发难得的是不偏倚，不偏倚则空洞之宇无感不通，再没有剩下的生活，既发难得的是不乖戾，不乖戾则恰好之宜无应不妙，再没有隔住的去处。故说个天地万物怎样寥廓，怎样烦伙，凭有神通也，难照管而致中和的君子，却位之育之，游刃有余。看来道原是生成的，修道只是还他生成本体，而得手处妙不过慎独，人不可不省的本来面目，把这样天大的良心自己不认，尤不可不省的扼要工夫，把这样天塌的处所自己不怕。②

可以看到，这里鹿善继的解释并没有如《四书章句集注》一般，对某个

---

① （宋）朱熹. 四书集注 [M]. 南京：凤凰出版社，2016：18.
② （明）鹿善继. 四书说约 [M]//续修四库全书经部第162册，上海：上海古籍出版社，2002：512-513.

字词进行单独说明，而是对重点概念作整体性的诠释。首段的解释明显有朱熹之说的痕迹，如鹿善继认为，戒慎恐惧应在"隐微之地"、慎独应在"念"上用功，"隐微之地"即"独知"之地，"念"即"几"。但是第二段便可以看到鹿善继的阳明学底色，首先他认"良心"为本体，认为不睹不闻的、先天存有的才是"道"，如见孺子入井而心生恻隐，而后天发于事的则已经非道了，这里也是针对"现成良知"说"百姓日用常行即道"的提法。其次，鹿善继说人要把私心扫净，扶起原有的天命，也是借鉴了王阳明去盗贼，要有扫除廓清之意的说法。那么如何才能"得道"呢？鹿善继给出的办法就是"慎独"，只不过鹿善继对"慎独"的解释与阳明不同。阳明说：

> 独即所谓良知也。慎独者，所以致其良知也。戒慎恐惧，所以慎其独也。①
> 问："静时亦觉意思好，才遇事，便不同。如何？"先生曰："是徒知养静，而不用克己工夫也。如此临事便要倾倒。人须在事上磨，方立得住，方能静亦定，动亦定。"②

可以看到，在王阳明看来，未发时的"戒慎恐惧"，已发时的临事"克己"，皆要操"慎独"工夫，以达"静亦定、动亦定"的境界，最终给出的结论则是"慎独"就是"致良知"。而反观鹿善继的解释，鹿善继的解释是明显有区分未发和已发之过程的，甚至说明了未发和已发时人的状态，所谓未发时"无感不通"，则已发时"无应不妙"，这和"静亦定、动亦定"之说形成了对比。而最后的结论鹿善继和王阳明则一致，即"慎独"归之于"良知"。这其实在无形间有一种逻辑上的错位，朱子学中，"心"与"理"毕竟为二，所以朱熹教人在未发与已发之"几"操"慎独"工夫，以"人心"归于"道心"，即归于"天理"。王阳明认为"人心""道心"皆是一心，所以不管未发已发皆要操"慎独"工夫，这才有"慎独"归于"良知"。鹿善继的说法综合二者之说，以"良知"为本体，以"慎独"为工夫，却认为"慎独"应在"几"上用功，这就在无形间发生了逻辑上的错位，这也是调和程朱与陆王的学者普遍存在的逻辑上的问题，"心一元"和"心二元"在逻辑上存在矛盾的问题，调和派的诸多学者始终无法清楚地解决。

2. 关于"中和"的解释

《中庸》的此段文字中还牵涉了"中和"的概念，"中和"乃是"中庸"

---

① 陈荣捷. 王阳明《传习录》详注集评 [M]. 重庆：重庆出版社. 2017：59.
② （明）王守仁. 王阳明全集 [M]. 上海：上海古籍出版社，1992：12.

之变体，或者说"中庸"兼有"中和"之意。朱熹论"中庸"：

> 中庸者，不偏不倚、无过不及，而平常之理，乃天命所当然，精微之极致也。唯君子为能体之，小人反是。①

可以看到，朱熹说"中庸"，乃是教人依"天理"而行，行"平常之理"，得"天命之所当然"。如何行"平常之理"？那便是操上述未发时的戒慎恐惧之功。也就是说，朱熹认为的"中庸"也好，"中和"也罢，很大一部分是从人的内在上来谈，牵涉到的大部分是道德伦理问题，所谓"以性情言之，则曰中和；以德行言之，则曰中庸"。②王阳明、鹿善继皆把"中庸"的概念放大了。王阳明亦说"内"：

> 喜怒哀乐，本体自是中和的，才自家着些意思，便过不及，便是私。③

但是王阳明说"外"时也谈"中庸"，如谈教人之法：

> 教人为学不可执一偏。初学时心猿意马，拴缚不定，其所思虑多是人欲一边，故且教之静坐息思虑。久之，俟其心意稍定，只悬空静守，如槁木死灰，亦无用，须教他省察克治。④

内外皆是良知的显现，所以"中庸"亦是内，亦是外，不需分而论之，这是阳明"心一元论"思想非常明显的表现。

鹿善继谈"中庸"，曰：

> 中庸原非铁板，死格良心。在我随感而应，感无定形，则应无定法，执定法以驭之，心便不安，心不安处即理未得也。君子知中原无定法在，故随时以处之，变化虽有万千，总求个良心上过的去。⑤

这里鹿善继明显是承王阳明良知说，认为"中庸"无定形而无定法，即

---

① （宋）朱熹. 四书集注［M］. 南京：凤凰出版社，2016：18.
② （宋）朱熹. 四书集注［M］. 南京：凤凰出版社，2016：19.
③ （明）王守仁. 王阳明全集［M］. 上海：上海古籍出版社，1992：19.
④ （明）王守仁. 王阳明全集［M］. 上海：上海古籍出版社，1992：16.
⑤ （明）鹿善继. 四书说约［M］//续修四库全书经部第162册，上海：上海古籍出版社，2002：513.

是在内在外皆要随感而应感，只要良心过的去即可。所谓"随感而应感"，王龙溪一脉常谈此话头，如谈"中庸"，总就境界而谈，认为是不拘泥、不执着，无执不滞的状态。鹿善继这里明显也是受到了明末王学大环境的影响。

二、《鬼神之为章》

1. 关于理气关系问题的解释

之所以单独列出此章，主要是鹿善继唯在此章的解释中有大段的对于理气关系的阐述。我们知道，王阳明是不怎么提理气关系的，因为在王阳明看来，"理"的范围是缩小了的，"理"在王阳明那里基本单指道德伦理，与此相关的，"心"亦非知觉之心，而是"本心"，即先验的纯粹道德主体，所以王阳明提"心外无理"，即道德伦理完全存在于人心之中，如此，理气关系问题在阳明这里就被淡化了。朱熹不同，朱熹认为"理"既包括自然法则，也包括道德原理，而且"理"存在于事物之先，且一切事物的根本法则都是永恒存在、不会改变的。"理在事先"体现在理气关系上就为"理在气先"，循此思路，则"理"代替了古代人格神的概念，乃是一形式及规律，是形而上的存在；"气"分阴阳，为宇宙中之实存质料，乃是形而下的存在。回到文本，朱熹讲：

> 鬼神无形与声。然物之终始，莫非阴阳合散之所为，是其为物之体，而物之所能遗也。[①]

在这里，"鬼神"为形而下，"鬼神之德"为形而上，"鬼神之德"在这里可理解为"理"或"太极"。这里其实就是说"理一分殊"，物物各得其体，虽个体终有不同，但"莫非阴阳合散之所为"，总体皆是一"太极"，所以天下万物皆是与"我"为一体的，这就是"体物而不遗"。

鹿善继释此章：

> 鬼神者，阴阳也，阴阳非二气，就此气之伸为阳，就此气之屈为阴也。伸者，伸其屈，屈者所以伸，有伸无屈并无可伸，此一静观而自得者也。故屈伸者即呼吸也，在一岁为寒暑，在一日为晦明，在一息为呼吸，一气呼吸如环，无端所以不穷也，一理为二气，二气为五行，穷天罄地，无一物非阴阳之所鼓铸，其貌其情其作其止其生其死皆非物所能自为也，此阴阳之理，无形故视不见，无声故听不闻，而万形万声，惟所橐籥，万物未有离阴阳而自为一物，即

---

① （宋）朱熹. 四书集注 [M]. 南京：凤凰出版社，2016：24.

一物未有离阴阳而自为终始，故曰"体物而不可遗也"，大要天地间原无者，自不能使之有，鬼神不见不闻似沦于无，却原是极实的一段至理，默默之中自为运用。故发皇昭著，直恁如此，所谓诚之不可掩也。

鬼神何心，而曰诚者，指其理之纯然无贰言也。独阴不生，独阳不长，一气呼吸，纯是一团生意为主，无半星儿不生之意搀和，遂上下四方，往古来今，总呼吸于一气之中，全没渗透，所谓其为物不贰，则其生物不测也。

莫添祭祀之鬼神，鬼神指阴阳说才体物不遗，如各家当祭之，鬼神怎做得此事，又安能使天下之人皆祭祀也？

此章论鬼神何意也？宁直欲人知鬼神情状耶？鬼神者，天也。天命为性，率性为道，一而已矣。大的无边本领，只从不贰中出，人的广大神通，必从一诚中得，莫要离方寸真根而求作用也。诚字儿是《中庸》筋骨，前论忠恕，惶惶已露其端，因论天地间大作用都自此立命，溯鬼神之德，发挥源流，把诚字明点出来后，论舜文周孔，经论制作自孝亲以达于治国，精布神流，无处不到，所谓体物不遗也，而莫非其真性所不能自已。所谓诚不可掩也，其后把覆物载物成物归诸至诚之配天地，而以天所以为天，圣所以为圣，总结之明，是此章注疏。故曰，质诸鬼神而无疑知天也。①

鹿善继对此章的解释还是很有特色的，他认为"鬼神"乃"阴阳"，那么按照朱熹的说法，"鬼神"自然是形而下的，但是他又接着说"阴阳"非二气，"阴阳"之屈伸才为二气，"伸"为"阳"，"屈"为"阴"，"屈伸"即"呼吸"，那么散发"屈伸"动作的阴阳便成了形而上的存在。我们知道，"呼吸"是物所发出的动作，那么按照鹿善继的说法，这里的"理"就并非"天理"，而是"物理"。所谓"一理为二气，二气为五行"就是从内向外发出的而非从外向内灌输的了。由于物物皆要呼吸，所以"一物未有离阴阳而自为终始"，所以天地万物皆在形而上的阴阳统合下为一体，这就是鹿善继理解的"体物而不遗"。在这里我们可以看到，鹿善继所认为的"理"的范围较朱熹小，较王阳明大。前文说过，朱熹的"理"包括一切，自然法则、道德原理等等，王阳明的"理"仅指道德原理，而鹿善继的"理"则包括主体性的一切道理，但不包括客观事物之理，因为客观事物是没有主动"屈伸"地发出的，也就没有形而下的阴阳二气之屈伸，也就没有形而上的阴阳。这里还有一个小点，就是"天命之性"与"气质之性"的问题，其实总体来说《四书说

① （明）鹿善继. 四书说约［M］//续修四库全书经部第162册，上海：上海古籍出版社，2002：520-521.

约》中鹿善继直接谈"性"的话头不多且模糊不清，但是这里却有无意识的表露。我们知道曹端论性是只有"气质之性"而无"天命之性"的，自此之后，明代理学家少提"天命之性"。鹿善继这里是一个反例，他明确提出"天命为性"的说法，这一点值得注意。

2. 关于"诚"的解释

对于"诚"的解释，这里朱熹与鹿善继也是不同的。朱熹在这里解释"诚"为"真实无妄"之意，因为是真实的，所以"发见之不可掩如此"，这就偏向于字面意思的解释。鹿善继释"诚"时，就带有浓厚的王学色彩而非字面意思的解释，鹿善继释"诚"为"反身而诚"，这就把"诚"作为修养本体的工夫来说了，鹿善继认为"反身而诚"则精神流布无处不到，则可体万物而不遗。"诚不可掩"鹿善继则解释为，人至诚之配天地，则天地之理自明而不可掩，所谓"质诸鬼神而无疑知天也"。

总体来说，对于此章的诠释，前半部分关于"理气"关系问题，鹿善继与朱熹和阳明皆有不同，颇有特色；后半部分关于"诚"的诠释，则带有浓厚的王学色彩。

三、《大哉圣人章》

对本章的解释是鹿善继在《四书说约》中的特色之一，明确表达了其融通朱王的学术思想特色，同时此段也是鹿善继对"礼"这一概念的阐述：

圣人之道，就指礼仪威仪说，发育峻极，就是这礼。盖礼者，世教也。所谓名教也，如无此礼，则三纲不立，九法不章，万物相贼杀矣。如今万物各生各遂，都是这礼维持，所谓裁成万物，辅相天地也。峻极于天，言自天以下都是礼充塞，就指发育万物说，非对也。这大道是圣人制的，要行这道还得这人"苟无至德，至道不凝"矣。德者，一点天理良心，所谓性也，圣人这道是从这性上制出，你看三千三百都是良心之自然而然，不得不然的，则德性是道的根本，君子要凝道，便望着道之根本上着工夫。故尊起德性来不会尊须要学，不知尊须要问。这学问工夫，着实干去，把心要广大着，宽广廓大，原是本性狭小，是人自着私欲束缚了。故要致广大，然广大原不是离了日用仪节的，如嫌伦常为小节，而任意疏略，则一事打点不到，便是德性的一块破绽，求广大越不广大了。故致广大要尽精微于伦常中，事事物物都要尽心，不使一处疏略，便是致广大的法儿。把心要高明着超脱透朗，原是本心卑暗，是人自着私欲锢蔽了，故要极高明。然高明原不是离了平常坦易的，如嫌常道为无奇而专意放旷，则一事不踏实地，便是德性的一块亏欠，求高明越不高明了。故极高明要道中庸于伦常中，桩桩件件都要平实，不使一处放旷，此便是极高明的法儿，温故便指致尽极道的工夫，说这工夫终身以之，终日去干，那有遍数体验，既熟识见日进，把道之根原渐渐看的亲切了，这便是知新，既看破道之根原，礼仪威仪上一些粉饰也用不着，只是尽这一点极诚实的心。这便是敦厚以崇礼，崇者有这实心，才成了礼了，把礼才掀起来，使立于天地之间，不如一向之凌夷衰微也，这便是德至了，便就做道凝了，是故为上不骄，为下不倍，有道足兴，无道足容，何也？人不能行圣人之道，都是好逞意见，不知尊德性的人，凡事只要上达，却不下学，以伦常日用为粗浅。故离却精微以求广大，离却中庸以求高明，终日求新奇而终身不能见道，处处无有真实而事事败坏名教，他为上便意傲不能下，为下便技痒不能忍，有道时不能欺世，无道时偏足招灾。君子以问学，尊德性凡事都不是凭意见的，广大以精微而致高明，以中庸而极识见，生于温故之余，经曲振于真实之内，怎的得骄，怎的得倍，怎不足与，怎不足容？《诗》上说，明理省事的人能保其身，上而骄也，下而倍也，见弃于有道也，不免于无道也，都是不能保身，君子以问学，尊德性便是明哲，上下治乱，无处不可，便是保身。①

　　此章前半段对"礼"的遵从，在生活态度上的恭敬，明显是朱子学所提倡的，那就是人应保有对外在事物的敬畏之心。朱熹常谈此一观点，他谈及此章"尊德性"这一概念时，有"恭敬奉持、受之天理"之言，这种发于外而收于内的外向型道德取向和阳明之说颇为有异。但是可以看出，对于这一点鹿善继是不反对，甚至持肯定态度的，但于行文后半段，鹿善继却话锋一转，认为"明道"时，这些日用伦常的东西皆是自然而然的了，那时，就不须刻意为之了。那么如何"明道"呢？鹿善继认为，在根本上还是从这一点良心上下工夫。那么如何在良心上下工夫？那即是尊德性，而尊德性既要上达，也要下学。以心为体，以尊德性为工夫，尊德性中又包含主敬的元素，可以说在此章中，鹿善继思想的调和色彩表现得相当明显。

---

　　① （明）鹿善继. 四书说约［M］//续修四库全书经部第 162 册，上海：上海古籍出版社，2002：530-531.

第三章 鹿善继《论语》《孟子》诠释

相比于《大学》与《中庸》,《论语》与《孟子》在经典体系上除了属于《四书》体系,亦属于原《十三经》体系,但是在《十三经》时期其并不是中心。质言之,《论语》与《孟子》两本经典,其核心内容皆为一"仁"字。所不同之处,孔子以德行论"仁",孟子主张以"仁政"施天下;孔子以"仁"与"礼"对举,提高了"礼"之地位,孟子以"仁"与"性"对举,使"仁"与"义"成为最基本的道德范畴。鹿善继对这两部经典内容的诠释,代表了其对"仁"这一儒学中最重要概念的理解。

第一节 鹿善继的《论语》诠释

《论语》中涉及的问题极为庞杂,在此列出的章节均为笔者认为鹿善继的解释具有较强思想特色的部分或涉及儒学中的重要概念。《学而时习章》是鹿善继在《四书说约》中《论语》部分篇幅最长的,是鹿善继对"学"字理解的体现;《诗三百章》虽极为简洁,却是鹿善继把用兵之法与为学之方相结合的体现;《吾十有五章》涉及儒学中的重要概念"立志"与"立人";《不仁者不章》涉及"仁"与"乐"的关系问题;《莫我知也章》是对"下学而上达"问题理解的体现;《齐必有明章》是对"礼"的态度的展现;《色斯举矣章》则提醒君子应具备谨慎和乘时而动的品格。

一、《学而时习章》

由于鹿善继常年从政为官且亲临战场,与诸多在朝时间不长的理学家不同,所以鹿善继很多特色性的解释,皆在如"为政""子路"等篇目内体现。此章是鹿善继为数不多的解释得非常细致的篇目,尤其是"时习"的概念,鹿善继是非常重视的。

朱熹解释"学"字为仿效之意，认为人从根本上来说都是向善的，只是觉悟本身是有先后次第的，后觉悟道理的人应仿效先觉悟道理的人，因为这样做才能明白向善为何物，进而恢复原初的道德本质。那么此刻的"时"就是"时时"，乃是一时间概念，"习"就是"学习"，是知识性的概念，"时习"即"时时练习"或"时时学习"之意，对应地，"不亦说乎"就是学习到的东西就变成了自己的东西，怎能不喜悦呢？朱熹解释"愠"为含怒之意，"君子"为德行高尚之人，认为把善分享给别人而感到快乐，是顺心的，所以比较容易，而在不被人理解的情况下能够不烦恼，则是难以做到的，只有君子才能做到。为什么君子能够做到呢？朱熹认为由于君子学习的端正，练习的熟稔，喜悦的深厚，所以才能为此。可以看到，朱熹在《学而第一》中架构的是一个客观性的知识世界，他认为要得到喜悦，需仿效前人的做法，学习前辈那里得来的知识并时时加以复习，这样才能把别人的东西变成自己的东西，那么喜悦这种情感就会自然浮现。可见朱熹眼中的君子便是一个学正习熟的贤人。那么如何学习？那便是格物，格天下事事物物之理，而终有一日看世间万物尽在掌握之中，那么喜悦自然是水到渠成。

鹿善继释此章，曰：

《论语》开卷这一个"学"字，是学个什么？时习是什么事？寻尝论学动以博文为解，记诵考究便是工夫，却不知博文离不得约礼，离礼言文便不是学，到不如依注中明善复初，还是其实。孔子原有正经注脚，则《大学》之道是也，以明德为头脑，以天下国家为着落，以诚意为把柄，诚意只是慎独，此外无学也。《中庸》天命之性即明德也，天地万物即天下国家也，而戒谨恐惧同此慎独。孔子之所谓学，即子思之所谓教也。《论语》动言，仁即性也，即德也，《孟子》动言，心即性也，即德。说德说性说天命，不似说心，更易醒人，而又恐人据当下之人心以为心，故又曰良心，又曰本心。本心乃性也，乃德也，故虞廷不能不以人心为心，而必曰道心，正见人之所自以为心，多非本心，须用精一，乃执厥中，精一何处用，所谓慎独也。故闻见莫非学之功，而不实用慎独之功，则考究记诵，延平以为玩物丧志，谓其于本心，实际无干也。只这时习章曰悦，曰乐，曰不愠，此何等滋味，向非于人所不见之地，有内省不疚之功，怎得这样真切，这样超脱，岂是考究记诵摸得着？

所学何事，自当明白，而夫子此章全重时习。盖本心难昧，未当不自修持，只转念易乖，学而易厌。夫理义悦心原自隽永，只为工夫间断，众妙之门不开；时习则工夫无间，本体流行，深造自得，欲罢不能，悦可知已。远朋就正，一脉道气，生民面目，当吾世而重开性命生活，得吾徒而大豁天壤之间，何乐可以代此？不知不愠，更是别有天地非人间，谁不知学原为己，非为人知，然名根未断，人不知时，纵强支持，终有愠意，只几微含怒，则学便不足色，试把千古英雄勘到屋漏无言之地，要说十分中全无一分为名的意思，恐文王、孔子之外，未敢多许也。夫子论"依乎中庸"，便说"遁世不悔"，又自谓"不怨不尤"，"知我其天"，可见这个地位，是圣人，是君子。注解"成德"二字，德者，性也，不加不损，性分如此，性不亏，便是德成。玩"不亦君子乎"，揣量骨法，自已也。爱此章孔子自写生面，三个"不亦"却跟一个"时习"讨出弟子，不能学者，正此时习。①

鹿善继解释此章非常详细，此二段为解释的前一半，后半部分乃是对前文解释的扩充，故未全文录入。首先说"博文"与"约礼"，鹿善继说"博文"不能离开"约礼"，单以记诵考究作为工夫是不对的。鹿善继对这两个概念的诠释，在《四书说约·序》中有更明确的表达：

夫使博约可分为两项，则不约自无害，为博又何必约？故约者，约其博也，约其博者，博原自约出也。圣贤有成法，事理有当然，好古敏求，恶得废博，而圣贤成法皆出于活法，成法其当然，活法其所以然，如不得其所以然，则成法皆死法，且以博学而成畔。《中庸》论天之所以为天，文王之所以为文，所以云者，约之义也。博有文，约无文，博有字，约无字。圣贤欲传其无文无字者，不得不藉之有文有字。学者就其有文有字者以求其所无文无字。故圣贤往，而圣贤之心至今在，特患不反求耳。说约而曰反者，反其所自始，千载上，千载下，此心同，此理同也。②

从这段文字中可以看出，鹿善继所说的"博文"离不得"约礼"，与阳明之说又有不同，阳明是从"博文约礼"皆是一事的角度来说"博文"与"约礼"不可分，鹿善继不同。鹿善继明确说"博约可分为两项"，"博约不可分"是指博是博其约，约是约其博，这就像是两件事在并行不悖，最后殊途而同归。这与朱熹的解释也不同，朱熹认为"博文"是更为重要的，"博文"后，"约礼"是自然而然的事。

① （明）鹿善继. 四书说约［M］//续修四库全书经部第162册，上海：上海古籍出版社，2002：536-537.
② （明）鹿善继. 四书说约［M］//续修四库全书经部第162册，上海：上海古籍出版社，2002：496.

接下来，便是对"时习"概念的解释。鹿善继认为"时习"就是"慎独"，除此之外更无学也。这里有几个字词需要解释，鹿善继在这段解释中较抽象的那个"心"并非知觉意义上的心，而是本体意义上的心，如"说德说性说天命，不似说心，更易醒人，而又恐人据当下之人心以为心，故又曰良心，又曰本心"，这句话中的第一个心是本体意义上的心，"当下之人心中"的"心"则是知觉意义上的"心"，"良心"则又明显是本体层面上的"心"。"虞廷"，字面意思是虞舜的朝廷，广义上来说，"虞廷"可理解为抽象的儒家最高理想，或理解为"圣朝"皆可。说到"虞廷"，就不得不提十六字心传，即"人心惟危，道心惟微；惟精惟一，允执厥中"。鹿善继说"人之所自以为心，多非本心，须用精一，乃执厥中，精一何处用，所谓慎独也"即是就此来说。关于"人不知而不愠"的解释，鹿善继是拿名根做比，认为除文王、孔子外，人皆有几分名利之心，我们所要做的正是"依乎中庸"，向圣人、君子靠拢。"德"字鹿善继解释为"性"，他给"性"字下的定义乃是"不加不损""本来如此"，这就让这里的"性"也具有了一定的延伸的含义。前文说过，鹿善继谈"性"多从天命之性去谈，他说天命之性不加不损，而明代中期以来，阳明学学者多谈气质之性少谈天命之性，即是因为在很多阳明学学者看来，天命之性的说法会把"性"与"心"二分，造成"支离"的弊病。鹿善继拈出天命之性，与时势不无关系，与其以此说鹿善继为"心二元论"者，不如说这是鹿善继教人远离"现成良知说"而提出的改良之法。

总体来说，针对《论语》首章《学而第一》，鹿善继阐述了很多观点，这是整个《四书说约》中对涉及儒学重要概念的问题做的最长的一段解释，与《四书说约》整体偏向于随札的风格不同，在此章的解释中，鹿善继把"时习"看的最为紧要，继而又把"时习"认作"慎独"。可见"慎独"之功在鹿善继眼中的重要意义。

二、《诗三百章》

《诗三百章》阐述了两种主要思想，主要是对"思无邪"理解的不同。一种从《诗》的作者出发，可理解为其中描写的人是"思无邪"的。另一种从读《诗》的人的角度来说，就是读者在读《诗》的时候应该保持"思无邪"的状态。所谓"思无邪"即是"诚"的状态。

朱熹解释此句时，是采取的第二种解读方式，他认为：

> 凡《诗》之言，善者可以感发人之善心，恶者可以惩创人之逸志。其用

归于使人得其情性之正而已。①

朱熹认为读者读《诗》应保持"诚"的状态，这样可以全其情性之正。范祖禹补充说：

> 经礼三百，曲礼三千，亦可以一言以蔽之，曰"毋不敬"。②

可以看到，朱熹传达的思想依然是让人保持"诚""敬"的修养方法，然后穷尽广博。

鹿善继解释此节颇有特点：

> 从来经书千百，其言使亦千百，其理则不成经矣。作者之意只是一路总向人性命处下手，如用兵者，正道坦道，左犄右角，或分或合，长兵短兵，无非合力以破敌人耳。夫子此章唱破六经消息，提起万世穷经者之心，持此法看去，觉千言万语都攒归我心，谁想这片无言之地，被古人吊拷没躲处。③

以用兵之法释此节乃是鹿善继最大的特点。各种用兵之法都是为了得到最后胜利的结果。那么类比到人，皓首穷经不过都是为了人自己得到更好的结果罢了，所以鹿善继说"千言万语都攒归我心"。从这里就可以清晰地看出鹿善继的为学之方是心学"六经注我"的思路。从前面的各种解释来看，虽然鹿善继并不反对博学，甚至提到博学与约礼并行，但是最终博学还是为了归于心之用，就像打仗虽然有各种方法，但是都是为了取得最后胜利的手段而已。此节鹿善继的心学色彩还是表现得非常明显的。

三、《吾十有五章》

《论语》此章谈立志立人。针对此章，朱熹多谈立人，阳明多谈立志。朱熹谈立人，即是教人循序渐进的为学之法。如谈"学"，朱熹解释为"大学之道"，认为人应该时时铭记于此而不厌，如果能够做到则对事物之所当然皆无疑异，则世界之全体知之明矣。朱熹释"立"为"能自立于斯道"，释"不惑"为"无所疑"，释"知天命"为"穷理尽性"，释"耳顺"为"所闻皆

---

① （宋）朱熹. 四书集注［M］. 南京：凤凰出版社，2016：51.
② （宋）朱熹. 四书集注［M］. 南京：凤凰出版社，2016：51.
③ （明）鹿善继. 四书说约［M］//续修四库全书经部第162册，上海：上海古籍出版社，2002：543.

通"，释"从心所欲不逾矩"为"不勉而中"。可以看到，朱熹在此章的解释中完全展现了他严谨的治学风格，就像严师一般，时时提醒为学者应"主敬""穷理"而最后通达于"中"。

阳明常在此章谈立志，如：

> 唐诩问："立志是常存个善念，要为善去恶否？"曰："善念存时，即是天理。此念即善，更思何善？此念非恶，更去何恶？此念如树之根芽，立志者长立此善念而已。从心所欲不逾矩，只是志到熟处。"①

相较于朱熹念念存乎天理的立人方式，阳明教人更在乎立志，即教人从最直接明白处入手。阳明认为"意为心之所发""有善有恶意之动""知善知恶是良知"，则所谓"善念存时，即是天理"，即心之所发便是天理，又因为良知乃心之本体，所以王阳明教人立志便是教人"致良知"。刘宗周在这里与阳明意见不同，刘宗周认为"意"是心中更深一层的意向，"念"指念虑，在这种情况下，是不能说善念存时便是天理的。刘宗周说：

> 念本无念，故是天理。有念可存，即非天理。②

刘宗周认为"知善知恶是良知"则良知为心之本体，则"知善知恶"是心之本体，那么"善念存时，便是天理"就无疑是在强调"念"对善恶的决定作用，则意念就会先于良知，良知就非本体了。刘宗周认为这是一个悖论，所以在这里他是不同意阳明的说法的。

鹿善继释此章，曰：

> 此是学而时习实录。吾人天命一个至善，从起初归依于此，而中间功夫浅深，有日异月不同之妙。盖体验愈久，本体愈亲，自然之理也。不惑，指学之似是而非，毫厘千里，说到此处，恶的已没了，只怕善有难认处。盖天命之性虽极正大，又极精微，非功深力到，那其间有老大歧路，容易混人。批头原在天命上用功，只是知字儿，到五十时才敢自许，此理原命于天，自然而然，不是人做作的，须还他个自然才是学。慈湖论不惑极是，是陆象山以乾坤易简为学的规矩，便是知天命。注疏：耳顺者无处非天命也，言者不一而闻者能一，

---

① （明）王守仁. 王阳明全集 [M]. 上海：上海古籍出版社，1992：19.
② 陈荣捷. 王阳明《传习录》详注集评 [M]. 重庆：重庆出版社. 2017：72.

言者有得失而闻者无疑悟，是话到跟前无不立破。从心不踰，只是烂熟，然历过多，少学力才全全的，天命流行了，夫子自描一生所得，毕竟有描不出处，执定字义揣摩如隔板猜枚，水中捞月，有甚相干。哑子吃黄柏，这苦说不得，你要知此苦，还须尔自吃。①

对此章的解释，也可以清晰地看到鹿善继和会朱王的倾向。前半部分鹿善继说，体验愈久而本体愈亲，体验什么呢？体验的是极正大而又极精微的天命之性，这与主敬以体验天理的程朱之学在修养方法上是一致的。后半部分，鹿善继话头一转，教人陆九渊乾坤易简为学的规矩，似乎之前体验天理的工夫便转为了亲身实践的工夫。为何会出现前后不一的两种状态？因为鹿善继对此章的解释明显是针对两种学者来谈的，谈主敬以体验天理是针对王学中的"自然派"与"主无派"来说的，鹿善继希望这些学者能够对天命之性保持一个基本的敬畏的态度；而谈从自身做起亲身实践是针对僵化了的朱子学学者来说的，希望他们能够"知行合一"，所谓"执定字义揣摩如隔板猜枚，水中捞月，有甚相干"即是就此而谈。这里鹿善继所强调的内容与朱熹和阳明皆有不同，朱熹强调循序渐进的为学之法，阳明强调根上立志的境界提升，而鹿善继这里强调的是实践工夫的重要性。

四、《不仁者不章》

对此章重点的理解，诸多理学家各有不同，特别是在处理"仁"和"乐"的关系问题上各执一词。这一问题早已有之，如周敦颐、程颢，他们皆认为，人活在世，应体会"吾与点"之意，追求洒脱的境界。而朱熹代表的则是典型的敬畏派，他们提倡戒慎恐惧，主敬穷理。据此，明代的学者亦承其传，有人认为，孔子把"仁"与"乐"并提，则"乐"即是"仁"，典型的学者如陈白沙，以追求自然洒脱的精神境界为最终归宿；有人认为"乐"是"仁"之一内蕴状态而非"仁"本身，如曹端、薛瑄，皆基本持此看法，这种观点认为，以"乐"为最终归宿会导致追求感性快乐的享乐主义且与佛、道无法划清界限。而就此章来说，由于《四书集注》本身偏向于教材的性质，所以朱熹关注的焦点就并不在字词的延伸义的探讨，如朱熹释"约"为"穷困"，释"乐"为"快乐"，这些皆是字面本义，基本不涉及内在境界方面的探讨。而鹿善继释此章，曰：

---

① （明）鹿善继. 四书说约［M］//续修四库全书经部第162册，上海：上海古籍出版社，2002：543.

约乐之处出此入彼，是少不下的，而既已处之曰长曰久，又是辞不得的。今说个不可，却怎生了此便把不可不仁的意说透了。故仁者安此，智者利此，都在这块天理上为活计。以身入世，约在约上弄倒，乐在乐上弄倒，这境界专能撮弄人，个个都走样了。人自有一个入水不溺，入火不焚的，故物天命之性是也。此物不失一心，常惺万境，超然便是孔颜乐处。这块天理原超脱于约乐之外，故处之自不相干，又原着落于约乐之中，故处之益能自得。安之者不容思议矣，利之者亦尽透脱。①

鹿善继这里明显是在境界上来谈了，并非字词的本义。在鹿善继看来，"约"和"乐"为同一个层面的境界，"仁"是凌驾于"约"和"乐"之上的境界，即所谓的"孔颜乐处"。因为这里鹿善继所谓"天理"即是本体意义上的心，而其后谈"人自有一个入水不溺，入火不焚的"也是这个具有本体意义的心，而后又说这是"天命之性"，这就是认为这个具有本体意义的心便是"大心"，它"常惺万境，超然便是孔颜乐处"，所以一切向这个境界努力的人们，如"处之者""安之者"和"利之者"皆是"自得"与"透脱"的。

五、《莫我知也章》

此章中，朱熹引程颐之语，认为所谓"不怨天，不尤人"是天理之所当然，所谓当然之则即是人应该如何在道德层面自处。而因为世间有只有天知而人不知的妙处，为了解这些人们尚且不知的妙处，人就应通过"下学"的方式反己自修，循序渐进，久而自然上达，"达"在这里即通晓天理之意，所谓"凡下学人事，便是上达天理"即是此意。阳明对于下学与上达的看法与朱熹并不相同，下学与上达在阳明看来皆是一贯的，如：

但谓上一截，下一截，亦是人见偏了如此。若论圣人中至正之道，彻上彻下，只是一贯，更有甚上一截，下一截？一阴一阳之谓道，但仁者见之便谓之仁，智者见之便谓之智，百姓又日用而不知，故君子之道鲜矣。②

阳明认为从一开始，下学与上达便是一事，是不可分而谈的，就像"一阴一阳之谓道"，对此，仁者有仁者的看法，智者有智者的看法，百姓日用中

① （明）鹿善继. 四书说约 [M] //续修四库全书经部第162册，上海：上海古籍出版社，2002：552-553.

② （明）王守仁. 王阳明全集 [M]. 上海：上海古籍出版社，1992：18.

也会有他们自己的看法，这些看法是从每个人不同的生活中得来的，而非另有一个天理把下与上截断。鹿善继释此章，曰：

> 我这一点灵明乃天之所命，即天之所以为天也，于子臣弟友中实落去尽也。不管造化的顺逆，也不管遇合的穷通，只管默默无言满尽此心，不离日用修持，直与天命相对，此时就平地便上了天人只认的东家丘而已，哪知他精神已出风尘之外翩翩羽化耶？下学上达，知我其天，亏他自传影神。不怨不尤，要着眼下学，难处正在此，有多少屈情多少亏价的滋味。要打熬才算学，人不能知正为此。人自有一天，人各有一天。孔子只知了，已便为天之知己。吾辈只知了，我便为孔子之知己，天不在天，孔不在孔，万古此下学，万古此上达，只要寂寂寞寞，苦自进修。毋以天不看，故人不做美，稍灰此心耳。①

从这里可以看出鹿善继是同意"切近而至高远"的下学上达之法的。如何才能"满尽此心"？在鹿善继看来，应着眼下学，不离日用修持，在不断的打熬中循序渐进。值得注意的是，本段后半"人自有一天，人各有一天"的说法却类似于朱熹"月印万川"的提法。可以看到，这里鹿善继在理论逻辑上再次出现了"一元"与"二元"的错位，这种逻辑上的前后不一可以说是明末这些意欲调和朱学与王学的学者最大的问题了。

六、《齐必有明章》

本章主要讲对"礼"的态度：

> 齐，必有明衣，布。齐，必变食，居必迁坐。②

"齐"，这里通"斋"。朱熹释曰："齐必沐浴。浴竟，即着明衣，所以明洁其体也"，"此一节记孔了谨齐之事"③。若斋，则须沐浴，后，须身着明衣，以示身体之洁净。《论语·乡党》整篇讲"礼"，这里以《齐必有明章》为代表，以观鹿善继对"礼"之态度。鹿善继释此节，曰：

> 明衣、寝衣、变食、迁坐，都用必字，便是孔子特意安心，非偶然为之，

---

① （明）鹿善继. 四书说约 [M] //续修四库全书经部第 162 册，上海：上海古籍出版社，2002：616.
② （宋）朱熹. 四书集注 [M]. 南京：凤凰出版社，2016：115.
③ （宋）朱熹. 四书集注 [M]. 南京：凤凰出版社，2016：115.

此之谓慎齐。今骤看之亦平平，而身体之谁能尽也？圣人一生着底做人处只是事事当真而已。①

这里鹿善继关于"礼"的解释，与孔子的原意在细节上略有不山，即"礼"归之于何的问题。"礼"到底是"仁"的外在表现，还是内涵于"仁"当中，前者代表了古典儒学理解"礼"的模式，在这种模式下，"礼"既包括"礼之本"，亦包括"礼之文"，即"礼"和"仪"是并重的，其适应于涵盖政治、制度、文化的整体主义之礼。而后者代表的是 11 世纪后的儒家礼学对"礼"理解的主流，这时的"礼"注重的是"礼之本"，主要适应于宗族生活的家礼。在这种模式下，在整体主义之礼中，所包含的六种"礼"的意义，即礼乐、礼义、礼教、礼制、礼俗和礼仪，此时则着重于礼义而逐渐内化于"仁"当中了，而此时的"礼"就是道德概念下的一部分了（关于"礼之本"与"礼之文"的描述、"礼"的六种不同意义及礼文化的整体主义的说法来自于陈来先生在 1999 年韩国全南大学主办"国际儒学礼学会议"上的论文《儒家礼学与现代社会》，陈来先生严格区分了"礼""仪"，认为"仪"只是"礼"之末，而非礼之根本，认为 11 世纪后学者对"礼"的理解模式与古典儒学是存在较大差异的）。鹿善继对"礼"的理解正是基于此的，如在这一节中，孔子之本意其实并没有更深层次的道德意义，而鹿善继却把此归之于"真"，而鹿善继所谓的"真"即是他对"仁"的另外一种说法，在这种观念的强调下，"礼"实际上就蕴含了君子的道德力量和非礼勿行的严整人格，所谓"君子以非礼弗履"②。

七、《色斯举矣章》

本章主要讲君子应具备乘时而动的品格：

色斯举矣，翔而后集。曰："山梁雌雉，时哉！时哉！"③

《色斯举矣章》列出了两种君子应具备的品质，即谨慎和乘时而动。朱熹的解释和鹿善继的解释正好对应了这两个方面。朱熹释此章：

---

① （明）鹿善继. 四书说约［M］//续修四库全书经部第 162 册，上海：上海古籍出版社，2002：590-591.

② 杨天才，张善文. 周易译注，北京：中华书局，2001：308.

③ （宋）朱熹. 四书集注［M］. 南京：凤凰出版社，2016：118.

言鸟见人之颜色不善，则飞去，回翔审视而后下止。人之见几而作，审择所处，亦当如此。①

鸟看见人的脸色不怀好意就飞走了，盘旋审视以后又落了下来。人根据时机而动，遇事应谨慎选择。朱熹基于其主敬的修养方法，其解释着重告诉我们的是君子应拥有谨慎的品格。正如《易》中所言："履，履虎尾，不咥人。亨。"② 一个人尾随老虎，如果不小心踩到了老虎尾巴，老虎就要伤人；如果谨慎小心，则顺利亨通。鹿善继解释道：

斯矣而后，呼吸甚紧，吾身处世真消息尽于此二句，即所谓时也。举的怕迟，集的怕早，不迟不早，时哉时哉！③

鹿善继释此章，突出的是一"时"字，君子懂得乘时而动乃是可贵的品质。所谓"潜龙勿用"，龙虽有"乾乾"之德，但尚须待时而动，见机而行，君子亦如是也。鹿善继一生的学术风格与明末这一时代的关联不可谓不大，所损所益，为正"修德"之本。其因时取宜，融会贯通的学风正是"时"之一字的体现。

第二节　鹿善继的《孟子》诠释

《孟子》部分选取了四个章节，这四个章节皆具有一定的代表性，反映了儒学中规定的几个重要的处事原则。《孟子见梁章》谈"义利之辨"；《滕文公为章》讲"性善"与"道一"；《公都子曰章》讲"攻乎异端"与"爱有差等"；《杨子取为章》则谈"执一"与"权变"。

一、《孟子见梁章》

此章谈义利之辩，涉及儒学之本，故朱熹、阳明的相关解释皆有"拔本塞源"之说，义利之辩问题也是每个正统的儒家学者必谈的问题。

---

① （宋）朱熹. 四书集注［M］. 南京：凤凰出版社，2016：118.
② （清）阮元. 重刻宋本周易注疏［M］. 清嘉庆二十年刻本：40.
③ （明）鹿善继. 四书说约［M］//续修四库全书经部第 162 册，上海：上海古籍出版社，2002：592.

孟子见梁惠王。王曰："叟，不远千里而来，亦将有以利吾国乎？"……王亦曰仁义而已矣，何必曰利？"①

朱熹释义利之辨：

仁义根于人心之固有，天理之公也……学者所宜精察而明辨也。②

"交征"，上取乎下，下遂讨上，交相征伐之意。孟子谈此是证明"仁义"未尝不利，人君躬行仁义，则下自然跟随。朱熹认为，仁义是天理之公道本来如此，只因物与我的接触产生了求利之心，即人欲之私，那么只要追求仁义、遵循天理，自然就不会陷入不利之境。然后，朱熹说，孟子以义利之辨为始，"学者所宜精察而明辨也"。可以看到，这里朱熹的指代对象是求学者，范围还未扩大。阳明谈义利之辨，则曰：

夫圣人之心，以天地万物为一体……使之皆有以克其私，去其蔽，以复其心体之同然。③

这里可以看到，阳明和朱熹在应"去人欲"而追求仁义这一方面的观点是一致的，所不同的是，阳明把义利之辨的应用范围扩大了，从"求学者"转变为了"天下人"，认为"天下人"皆应以求德为首要事。也就是说，从整体上看，阳明虽是把"理"的范围缩小了（集中到伦理范围），却把道德伦理的应用范围扩大了。鹿善继则在接续阳明之说的基础上，从特定历史环境出发，解释此章，突出了义利之辨的时代意义和现实功用：

战国策士专讲利害，仁义原也迂阔，然求利者得害。仁义固所以利之也，此天地间易不得的事理，还是仲尼之徒醒的利害。说到弑君，危莫甚矣，又宕一宕不为不多，不多不餍，这样消息怎敢踏着却紧接，未有倒找，亦曰要透此事理，须得此文法。王只以为自己曰便了，哪知以下一齐跟着曰，反把王无可免之地自挑危机，自己收不住，好怕人要仔细曰。义利之辨是学术即是治术，

---

① （宋）朱熹. 四书集注 [M]. 南京：凤凰出版社，2016：196.
② （宋）朱熹. 四书集注 [M]. 南京：凤凰出版社，2016：197.
③ （明）王守仁. 王阳明全集 [M]. 上海：上海古籍出版社，1992：54.

太史公、程子二段俱有味。①

文中所言太史公、程子二段《四书集注》皆有记，太史公段：

利，诚乱之始也。夫子罕言利，常防其源也。②

程子段：

君子未尝不欲利，但专以利为心则有害。惟仁义则不求利而未尝不利也。当是之时，天下之人惟利是求，而不复知有仁义。故孟子言仁义而不言利，所以拔本塞源而救其弊，此圣贤之心也。③

可见，太史公与程子的说法皆是以义利之辨为行仁义的基础，认为义利之分是拔本塞源之论，这点鹿善继是同意的。从整体来看，鹿善继对义利之辨的看法大致与阳明相同，他们皆是把义利之辨的应用范围扩大了，阳明认为应将义利之辨应用于普及式教育当中，以德为先，如：

其教之大端，则尧、舜、禹之相授受。所谓道心惟微，惟精惟一，允执厥中。而其节目，则舜之命契，所谓父子有亲，君臣有义，夫妇有别，长幼有序，朋友有信五者而已。
学校之中，惟以成德为事。④

鹿善继则不仅认为应普及于教育中，还应把义利之辨当作"治术"实行。事实上，义利之辨作为儒学的立身之本之一，把义利之辨作为治术的说法，正是鹿善继认为明末三教合流风气盛行而其本人对三教合流持保守看法的一个体现。

二、《滕文公为世子章》

此章讲"性善""道一"：

---

① （明）鹿善继. 四书说约 [M] //续修四库全书经部第162册，上海：上海古籍出版社，2002：644.
② （宋）朱熹. 四书集注 [M]. 南京：凤凰出版社，2016：197.
③ （宋）朱熹. 四书集注 [M]. 南京：凤凰出版社，2016：197.
④ （明）王守仁. 王阳明全集 [M]. 上海：上海古籍出版社，1992：54.

滕文公为世子，将之楚，过宋而见孟子。孟子道性善，言必称尧、舜。世子自楚反，复见孟子。孟子曰："世子疑吾言乎？夫道一而已矣。"①

"性善论"与义利之辨一样，也是儒学的立身之本之一。孟子提出人性善，是因为其重视"心"的道德性，所谓"恻隐之心，人皆有之"，由此得出"四端"说，这就使"善"成为了先验的概念；孟子说性善必谈尧舜，是因为其认为圣人与常人初时并无二致，圣人亦可学而至，并以此劝学。朱熹解释"性善"：

人所禀于天以生之理也，浑然至善，未尝有恶。人与尧、舜，初无少异，但众人汩于私欲而失之，尧、舜则无私欲之蔽而能充其性尔。②

朱熹引程子之语解释"性善"：

性，即理也。天下之理，原其所自，未有不善。喜怒哀乐未发，何尝不善？发而中节，即无往而不善；发不中节，然后为不善。故凡言善恶，皆先善而后恶；言吉凶，皆先吉而后凶；言是非，皆先是而后非。③

在此之上，朱熹进而解释"道一"，即"古今圣愚本同一性"，"道一"即"性一"。朱熹对性本善之说是无所疑的，这点从其甚至质疑孔子"性相近，习相远"之说，认为应是"性相同"上就可见一斑。

阳明解释"道一"，与朱熹有所不同：

道无方体，不可执着，却拘滞于文义上求道，远矣。如今人只说天，其实何尝见天？谓日月风雷即天，不可；谓人物草木不是天，亦不可。道即是天，若识得时，何莫而非道？人但各以其一隅之见认定，以为道止如此，所以不同。若解向里寻求，见得自己心体，即无时无处不是此道。亘古亘今，无终无始，更有甚同异？心即道，道即天，知心则知道、知天。④

阳明这里是通过"大心"作为媒介来解释"道一"。这里的"心"并非

---

① （宋）朱熹. 四书集注 [M]. 南京：凤凰出版社，2016：242.
② （宋）朱熹. 四书集注 [M]. 南京：凤凰出版社，2016：242.
③ （宋）朱熹. 四书集注 [M]. 南京：凤凰出版社，2016：242.
④ （明）王守仁. 王阳明全集 [M]. 上海：上海古籍出版社，1992：21.

知觉意义上的心，而是"无方体""无执着"的"本体心"，良知为心之本体，如致吾良知于物，则天下无一物非我，此即"道一"。

鹿善继释此章：

> "道性善"二句非两层，言尧舜，只是个尽其性也。人性皆善，人不能自认，便把尧舜看做天上人，如自认，一认则个个人心有个圣人在，离了性，哪里再会有道？只是习俗埋没既久，忽听此言，哪有自信？这个疑是天下古今人同病，不独世子也。道一而已矣，寸铁杀人的本领。信得此言，则成覸、颜渊、公明仪三段话都是做人的榜样，再不怕圣贤，只要下狠手做。末二句，十分激发他。陆象山此心此理一段便是此头脑，故阳明以为简易直捷，直接孟氏之传讨落着这消息下工夫，日用学问都从无言之地关痛痒。所谓一捧一条痕，一掴一掌血，如这头脑不曾摸着而却言学问，纵沉酣圣经，贯穿贤传，只是个玩物丧志。①

鹿善继的解释前半部分说性善时，与朱熹说法基本相同，所谓"言尧舜，只是个尽其性也"，就是认为孟子言性皆善。说尧舜，是为了让人们自认初时之性与圣人同，以此激发普通人之自信，这与朱熹"古今圣愚本同一性"看法一致。后半言道一，则与阳明一致，所谓"再不怕圣贤，只要下狠手做"，是因为鹿善继认同阳明所说"如致良知于物，则天下无一物非我"的观点，认为阳明的学问上承孟子、陆象山，简易直接，认为人如不能有清醒的头脑，纵使学问再高，亦是玩物丧志。这里的"认清头脑"，即是认清心体，即是致良知。

三、《公都子曰章》

此章原文较长，故节录之：

> 圣王不作，诸侯放恣，处士横议。杨朱、墨翟之言盈天下。天下之言，不归杨，则归墨。杨氏为我，是无君也。墨氏兼爱，是无父也。无父无君，是禽兽也。
>
> ……
>
> 杨、墨之道不息，孔子之道不著，是邪说诬民，充塞仁义也。仁义充塞，则率兽食人，人将相食。吾为此惧，闲先圣之道，距杨、墨，放淫辞，邪说者

---

① （明）鹿善继. 四书说约［M］//续修四库全书经部第162册，上海：上海古籍出版社，2002：652-653.

不得作。作于其心，害于其事；作于其事，害于其政。圣人复起，不易吾言矣。①

此章的主题是"攻乎异端"及"爱有差等"，目的则是说明儒学的正统性及"仁"的真正含义。朱熹释此章：

杨朱但知爱身，而不复知有致身之义，故无君。墨子爱无差等，而视其至亲无异众人，故无父。无父无君，则人道灭绝，是亦禽兽而已。②

程颐曰：

杨、墨之害甚于申、韩，佛氏之害甚于杨、墨。盖杨氏为我疑于义，墨氏兼爱疑于仁，申、韩则浅陋易见，故孟子止辟杨、墨，为其惑世之甚也。佛氏之言近理，又非杨、墨之比，所以为害尤甚。③

"充塞仁义"，意为杨墨之说横行天下，阻碍了"仁义"之说的发展。朱熹所谓"杨朱但知爱身，而不复知有致身之义，故无君"，是认为如果只看重个人的利益，而因此忽视了集体的利益，在"义"字上是有缺失的，对君主是缺乏忠义之心的。墨子兼爱，讲究爱无差等，这既是对亲人极不负责的表现，也不符合人之天性。杨墨皆非"仁"，故朱熹说"无父无君，则人道灭绝，是亦禽兽而已"。程子所说，大致亦是如此。

阳明释此章时的解释非常精彩，他用了例证的方法说明了"仁者以天地万物为一体"：

仁是造化生生不息之理，虽弥漫周遍，无处不是，然其流行发生，亦只有个渐，所以生生不息。如冬至一阳生，必自一阳生，而后渐渐至于六阳，若无一阳之生，岂有六阳？阴亦然。惟其渐，所以便有个发端处；惟其有个发端处，所以生。惟其生，所以不息。④

① （宋）朱熹. 四书集注 [M]. 南京：凤凰出版社，2016：260.
② （宋）朱熹. 四书集注 [M]. 南京：凤凰出版社，2016：261.
③ （宋）朱熹. 四书集注 [M]. 南京：凤凰出版社，2016：261.
④ （明）王守仁. 王阳明全集 [M]. 上海：上海古籍出版社，1992：26.

这是第一个例子，举冬至阳生之例，取《周易》生生不息之意，"六阳"乃"乾"，以卦气之说，乾代表西北方和冬天。阳明先生的意思是，当十一月冬至后，"阳"渐生长，亦在六个月期间，此即为六阳。目的是说明两点，其一，"仁"是人本该追求的东西，这就像冬至阳生般自然；其二，"仁"自有发端处。接着，阳明以"木抽芽"为例：

譬之木，其始抽芽，便是木之生意发端处……有根方生，无根便死。无根何从抽芽？①

阳明认为"仁"自有发端处，如"木之抽芽"般自然，这个发端处即是"心"，此处的"心"亦是"本体心"，他接着道：

父子兄弟之爱，便是人心生意发端处。如木之抽芽……孝悌为仁之本，却是仁理从里面发生出来。②

阳明的观点集中于"爱有差等"上。他认为只有有差等的爱才是人之本心，就如同木之抽芽一样，追求本心才能称为"仁"。墨氏爱无差等，则是与自然发端处相悖，是为不孝，不可称作"仁"。

鹿善继释此章：

称"好辩"指辟杨墨说，孟子不辞"辩"字，只驳"好"字，以为好辩者不知杨墨之乱天下也。世到大乱，须要人拨，而害人之事有有形，有无形。洪水、夷狄、猛兽，人知其害，即乱臣贼子之害，人亦知之，为其明叛道外也。惟杨墨则讲仁义，以道术害人心，无乱之形而乱更大，世人不知，究竟只以为不过一家之言，无甚大是非，若与他争，似乎好辩。若知他这样利害，须掉三寸之舌替圣人把住关口。两惧字相承，正与好字对照，以笔舌拨乱，孟原从孔出。③

鹿善继对"仁体说"是笃信的，所以在因此而批判杨墨这一点上的解释与朱熹、阳明并无二致，所不同者，乃是其非常强调"辩"字，这一点尤需

① （明）王守仁. 王阳明全集［M］. 上海：上海古籍出版社，1992：26.
② （明）王守仁. 王阳明全集［M］. 上海：上海古籍出版社，1992：26.
③ （明）鹿善继. 四书说约［M］//续修四库全书经部第162册，上海：上海古籍出版社，2002：656.

注意，其解释的重点内容似乎并不是着重阐述杨墨之说，而是以孟子好辩这一点切入，意在为孟子辩驳。由于篇幅原因，原文部分内容未录入，此章开篇公都子对孟子说："外人皆称夫子好辩，敢问何也？"而鹿善继的这段解释正是对此问的回应，其侧重点与朱熹、阳明皆不同，特别是最后一句，"孟原从孔出"，对道统的强调之意呼之欲出。从这里亦可以看出，鹿善继非常强调儒学的正统性，他对三教合流的保守态度在这里也是一个体现。

四、《杨子取为章》

此章讲"执一"与"权变"，也是儒学当中的一对重要的矛盾。"取为我"，朱熹解释为仅仅满足于我而已，没有为人的意思。"摩顶放踵利天下"，是说"墨子主张兼爱，摩秃头顶，走坡脚跟，只要对天下有利，一切都是可以做的"。子莫，鲁国贤者，他知道杨墨皆偏于一边，所以刻意追求掌握"中"而无权衡，这就是执于"中"而不懂"权"，朱熹认为这亦是固执于一面而已。朱熹引杨氏之言亦是表达自己的想法：

> 禹、稷三过其门而不入，苟不当其可，则与墨子无异，颜子在陋巷，不改其乐，苟不当其可，则与杨氏无异。子莫执"为我""兼爱"之中而无权，乡邻有斗而不知闭户，同室有斗而不知救之，是亦犹执一耳。故孟子以为贼道。禹、稷、颜回，易地则皆然，以其有权也；不然，则是亦杨、墨而已矣。①

阳明释"执一"时，曰：

> 中只有天理，只是易。随时变易，如何执得？须是因时制宜，难预先定一个规矩在。如后世儒者要将道理一一说得无罅漏，立定个格式，此正是执一。②

阳明对"执一"的看法亦是"执中"，而"执中"宜从"权变"，他认为不可先认定一个规矩在，若如此，则只是"执一"。这个观点和阳明天泉证道中所谈"无善无恶心之体"亦有关联，无善无恶是至善的另一种表达方式，若心体至善，则心体无执着、无拘泥，更不会先有个格式在。

---

① （宋）朱熹. 四书集注 [M]. 南京：凤凰出版社，2016：339.
② （明）王守仁. 王阳明全集 [M]. 上海：上海古籍出版社，1992：19.

鹿善继释此章：

道外的不必言，既是道中人，纵然执一亦是道之所在，为甚恶他？正为执一者便贼道其贼，道在废百上取。道一而已矣，即指执不得的说，执一之一是着落蹊径，非道一之一也。可与立未可与权，即是此权字而立，非三子之执一，三子原是认定一边理。①

"道中人"指儒学内部学者，所谓"执一者便贼道其贼"即是针对儒学学者来讲，意思是说认定一个规矩而不懂得权变的人，还会说自己一定是对的而说别人为贼。在鹿善继看来，"道一"非"执一"，"执不得"才是"道一"，"执一"是方法，如"为学"，应一以贯之，而"道一"正是宜从权变，如同样是为学，在一以贯之的基础上还应学会变通，不可偏执一边。鹿善继对"执一"与"权变"的理解是实际应用于实践之中的，最典型的如在金花银案中，鹿善继在边疆危机、缺粮少饷的情况下，其并没有顽固的遵守制度，而是毅然违背了皇帝立下的规矩，果断以金花银资辽东，平息了边疆危机，这正是对"执一"与"权变"的阐释。

---

① （明）鹿善继. 四书说约［M］//续修四库全书经部第162册，上海：上海古籍出版社，2002：680-681.

第四章　鹿善继《四书》学的特色

鹿善继研究《四书》学的著作主要就是《四书说约》，其余有零散言语散落于其教授生徒的语录当中，如其弟子陈鉉在《鹿忠节公年谱》中会略述一二。总体来说，鹿善继交际广泛，如与孙奇逢等民间理学家，魏大中、高攀龙等东林党人，孙承宗、马世龙、袁崇焕等军队将领都有交集。其在当时的北直隶地区学术影响颇深，是明末心学在北方的重要发展路径和独特表现，体现了燕赵文化的地域特色，并且其与朝廷及边疆军队将领有紧密的互动，是极具实践体验的理学家，其思想既表现出心学的总体取向，又在工夫论上调和程朱、兼收并蓄。《四书说约》正是这样一部具有调和朱王色彩的重要论著。本章即讨论鹿善继在《四书说约》中较为有特色的部分，考察其对朱王两派的调和及其反约认理的特征。

第一节　融通朱王

从学派归属来看，总体上将鹿善继归入北方王门为宜。鹿善继早年承家学，因科举不第，归家遍寻对策之书，偶然间发现《传习录》，看后慨然有志于圣人之道，其祖父对此亦相当支持，自此，鹿善继便进入了王学的序列。登朝堂后，有明确记载的鹿善继的老师有两位，在经济实学方面的老师为徐光启，道问学术方面的老师为王以悟，王以悟师承孟化鲤，为北方王门的三传弟子，因此，从师承上讲，将鹿善继归入北方王门应无可疑。《东林列传》以鹿善继与高攀龙、左光斗等东林党人交游为切入点，而说鹿善继得程朱之传，教授生徒以认理为根，主敬为本。从这一点来说，《东林列传》的评价确实值得商榷，鹿善继确实与诸多东林党人相交，并因此在王学的基础上，吸收了朱子学的工夫论，但不能因此说鹿善继是认理为根，主敬为本的。前文已述，鹿善继的学问是以心为本体，又以良知为心之本体的，这是较为传统的王学思想。

在"一元"与"二元"中，主观意识上，鹿善继还是认为自己是"一元"的，只是在某些问题的诠释上，由于调和朱陆，在逻辑上出现了"一元"与"二元"的错位。如在谈"生死观"时，涉及"人心、道心"的问题，鹿善继的"一元"思想表现的还是相当明显的：

> 人心道心岂有二心，然只得把属人的一段念头也说是心起头，说生亦我所欲，死亦我所恶。①

从思想观念上，鹿善继确实是以王学为底色，兼容朱子学扎实的工夫论。鹿善继反对当时的阳明学主流，如龙溪的"主无派"、心斋的"自然派"。这其实是为传统王学辩护。南宋淳熙二年（1175）的鹅湖之会上，针对本体论意义上的太极、无极问题，工夫论层面的道问学和尊德性等问题，朱陆就曾进行了深入探讨，但是结果却未达成一致，朱以陆为太简，陆批朱为支离。四百余年之后，王阳明擎心学大旗，从良知为心体、心一而非二等角度，更加系统、严密地批评朱子学，发扬陆学。由此，在本体上，无极、太极之争转变为阳明对朱熹理存于外的批判，尽管阳明认为心不离事，但是其思维逻辑毕竟是认为内是重于外的，所以其自然认为"于事事物物上求至善，却是义外也"②，这是因为在阳明看来，意之所在便是物，而心为意之所发，其所强调的，正是心与意、物之间的不可分割性，进而，阳明便反对先天性的客体权威，其实就是在否定朱熹所提出的太极观，理不在客体，那么自然就在主体，这样理便反约于内心之中，与陆象山质疑无极、太极一致。同时，阳明认为理不是如朱熹所说一样是静态的、概念性的理，而是心体"至精至一"的状态，其实就是陆象山讲的中、而非朱熹讲的极，至善只是中，是应事而有，本源于心，这种说法事实上就把"理"的范围缩小了，更加强调了道德伦理的重要性。就当时的历史背景来看，王学末流屡遭批评，朱学走向复兴，这种情形下融通朱陆之学，实有维护传统王学的意义。因此，鹿善继调和朱陆两派，虽然本之以陆王，然观其思想脉络，其逻辑却又总是以融通两派的面目出现，这点上文已述，如在其非常注重的"慎独"问题上，鹿善继就吸收了朱熹"几"的概念，在天命之性与气质之性的问题上强调天命之性，在博约问题上认为博与约并行不悖等。

---

① （明）鹿善继. 四书说约［M］. //续修四库全书经部第 162 册, 上海：上海古籍出版社, 2002：493-685
② （明）王守仁. 王阳明全集, 上海：上海古籍出版社, 1992：58.

鹿善继刻意将朱陆异同归结到为学工夫，回避了心学一脉在本体上对朱熹太极、定理的批评，力图消解两者本质上的差异。这种做法的实质是向"主修派"王学的靠拢，而非对朱子学的复归。明末王学分野，龙溪为世之辩才，心斋又以拯救天下万民为己任，儒学世俗化运动风靡，"现成良知"说盛行，颜山农、何心隐一脉多出"狂士"，在正统的理学家看来，这种世风是相当浮躁的。在这种情况下，鹿善继将朱子学中扎实的工夫论引入王学之中，正是为了修正王学，而非是"得程朱之传，以认理为根，主敬为本"，这点值得注意。

就《四书说约》一书而言，诸如前文所谈《大哉圣人章》等，对融通朱王这一特点表现得可谓非常的明显。从这个角度看，需要额外留意的是，鹿善继之融通朱王其实与阳明相似之处更多，而不是朱王平分秋色，更非以理为本体、以敬为工夫，而是站在了心学一脉的学术立场上，肯定保有敬畏之心的必要性，认为这是尊德性工夫中本应存在的部分，久而久之，人自然就能达到"众物之表里精粗无不到，而吾心之全体大用无不明"的状态。在鹿善继看来，这种思想正是阳明知行合一说的另一种贴近于行的表达形式，但是这种说法却天然存在逻辑上的瑕疵，如果认为心为本体，且人心道心皆是一心，则向外的主敬又是在"敬"什么呢？尊德性既要下学又要上达，那么道问学是否就不复存在了呢？这些问题鹿善继没有明确的解答，那么只能认为这些问题是调和朱王之学时自然存在的逻辑上的不完善。其实站在鹿善继的角度，其意图还是相当明显的，那即是在王学愈虚的时代，以朱学之实补之，只是在这过程中，不自觉的疏略了一些逻辑上的链条。

关于《四书》的文本及其诠释，朱熹、阳明之间有过非常重要的聚讼。前者主张改本《大学》，后者宣传古本《大学》，前者补写"格物致知补传"，后者强调"诚意"，前者将"亲民"改为"新民"，后者认为"亲民"无误，于是形成了关于《大学》的不同诠释。朱、王两派的聚讼大约主要就是从这几个问题而来。总体来看，鹿善继在《四书说约》的《汤之盘铭章》中，并没有按阳明所说改"新"字为"亲"字，但是需要指出的是，鹿善继认为的"新"字也与朱熹不同，鹿善继笔下的"新"代表的是一种精神状态，"新"的范围较之朱熹是更加扩大了。如：

> 天下之民众矣，把他勾当都靠在君子身上，精神有一处不到，即一处受其病，一日不到，即一日受其病，故当宁者，为斯民求治其心，不敢以顷刻忘其事，不可以一端尽其工，不得以早晚完传者说个无所不用善……
> 旧把汤日新为自新，以立新民之本，可是愦愦，岂有个天子的日新全与民

不相干之理耶？①

不过，需要指出的是，从章节目录上看也好，从其年轻时的发迹轨迹来看也罢，鹿善继《四书说约》其实是读朱熹《四书章句集注》时的心得。尽管如此，鹿善继关于《四书》的解读还是倾向于阳明学的。因为自新是主动的，是一种主体倾向性行为，而朱熹的新民更多是自上而下，是从外而内的，"汤以人之洗濯其心以去其恶，如沐浴其身以去其垢"②，是一种对象化的行为。鹿善继在这点上认同阳明，如说：

三个圣人勾当都在民上，工夫都在己上。③
天下无穷之计算，出于有定之心体，不可向民上求，安排只从德上求，透悟不知止而能得者，天下乌有。④

还比如《大学》中"格物"的概念，鹿善继亦遵从了阳明训"格"为"正"的说法。鹿善继《四书说约》在释《大学》首章部分就指出：

身处天下国家之中，与相感应，物感此身，此心便起一意以应之。应物者，失其理，便是身不修，而不修不管身事，还是心失其正，心原无不正，至于不正者，因所起之意未得诚意，即未诚，却非本心，果然不知为欺为愧，良知自在也。⑤

一方面，鹿善继认可"意之所在为物"，心与意、物紧密相连，因此物在人心之中，不在人心之外，如此，事亲则事亲是一物，事君则事君是一物，这一概念界定潜在否定了朱熹的物物有太极之说。同时，鹿善继说"物感此身，此心便起一意以应之"，所以在鹿善继看来，"格物"即是"格心"，这点与阳明是一致的。

在《四书说约》的解释中，鹿善继对王学的重要观点亦有认同，比如"知行合一"，在解《中庸》中的《道其不行章》时，鹿善继说：

① （明）鹿善继. 四书说约 [M]. //续修四库全书经部第 162 册，上海：上海古籍出版社，2002：493-685
② （宋）朱熹. 四书集注，南京：凤凰出版社，2016：6.
③ （宋）朱熹. 四书集注，南京：凤凰出版社，2016：503.
④ （宋）朱熹. 四书集注，南京：凤凰出版社，2016：503.
⑤ （宋）朱熹. 四书集注，南京：凤凰出版社，2016：503.

夫子此语，口里叹的是不行，眼里瞅的是不明，寻了个大智来与列位看重。①

这里的"大智"即是"知行合一"。又如《皆曰予知章》：

天下事虽说能知才能行，尤须能行才笺知。知字儿不是无着，对的怎凭口说，凭说时，个个智落天地，把守来一考便说不去了。故夫子话头似说他不能守，而主意是说他不能知，要是真知，自然能守。②

诸如此类话头，《四书说约》中颇多。在鹿善继的理解中，知行是合于一体的，尽管亦不废"知"，但其主体上是站在王学立场上的，这点殆无可疑。

鹿善继虽承阳明之传，但其《四书说约》中的观点却是兼收并蓄的，朱熹、陆九渊等的思想皆是其引用的对象。比如在解读《论语》部分的《莫我知也章》中之"下学上达"，《四书集注》要人"反己自修，循序渐进"，"凡下学人事，便是上达天理"。鹿善继就说：

下学上达，知我其天，亏他自传影神。不怨不尤，要着眼下学，难处正在此，有多少屈情多少亏价的滋味。要打熬才算学，人不能知正为此。人自有一天，人各有一天。孔子只知了，已便为天之知己。吾辈只知了，我便为孔子之知己，天不在天，孔不在孔，万古此下学，万古此上达，只要寂寂寞寞，苦自进修。③

可以看到，鹿善继是支持下学的，甚至要人苦自进修，这点与朱熹一致，与朱熹不同的是，鹿善继支持下学是从万物一体的角度考虑的，而此体正是"心体"。

又如解释《论语·子张》部分的《博学而笃章》：

学志问思是一路生活，日博日笃日切日近，一步步拢将来，所谓去皮见肉，去肉见骨，去骨见髓也，不如此，终身只是依傍题目，影占身子而已，仁

---

① （宋）朱熹. 四书集注，南京：凤凰出版社，2016：514.
② （明）鹿善继. 四书说约［M］//续修四库全书经部第162册，上海：上海古籍出版社，2002：515.
③ （明）鹿善继. 四书说约［M］//续修四库全书经部第162册，上海：上海古籍出版社，2002：616.

在其中者，本体至是始现也。①

又如在《仁人心也章》中说，"人有学问，原是要求放心"② 这就认同了陆象山的"求放心"说。《钧是人也章》引陆象山"先立乎其大"说，"先立大起来小自从"③，说明在孟子学的重大根本问题上，鹿善继倾向陆王是较为明确的。

因此，鹿善继与其他王门学者的不同之处，在于其所持的是一种修正态度，修正的内容就来自朱子学，即以朱子学修正王学，其思想脉络亦是北方王门兼收并蓄风格的一种体现，只是鹿善继的兼容并包体现在儒学内部，对于儒学外的其他学说，鹿善继的态度较为保守。其实这种兼容并包，主要就是取朱子学的工夫论，发扬王学中的实践部分，反对现成良知之说，试图以扎实的下学工夫结合王学的实践，以王学的顿悟结合朱熹的"贯通"，最终弥合二者之间的关系。

关于良知是否现成，鹿善继是坚决反对的。因此，鹿善继的良知观既与王畿等有异，亦未必与阳明就完全相同。对鹿善继而言，虽然物是行为物、是意念物，但是这个物必须去格，去做"渐"的工夫，良知不可能以静坐等内省的方式去自然呈显、发用，仅仅依靠诚意是不够的。因此，在这里鹿善继的"四书"学又出现了朱学的逻辑。

对于朱熹强调"博学"，鹿善继非常肯定，但在某种意义上又有所不同。其在解读《孟子·离娄章句上》的《博学而详章》中指出：

博学是学者本等勾当，然讨不出本原来便是玩物丧志。故须详说以求得约。观此可见不到约处成不得博，博约分对不得。④

鹿善继说博约分不得的例证前文已述，这里做一个比喻就更容易理解鹿善继逻辑下的"博"与"约"。如果说"博"与"约"为两条线段，那么朱熹眼中的"博"与"约"，是并不等长，"博"明显长于"约"，且两条线段是朝着交汇点直线前进的，直到"博"到了一定程度，则"豁然贯通"，两条线段此时便相交了。阳明作为纯粹的心一元论者，其眼中的"博"与"约"，从

① （明）鹿善继. 四书说约 [M] //续修四库全书经部第162册，上海：上海古籍出版社，2002：639.
② （明）鹿善继. 四书说约 [M] //续修四库全书经部第162册，上海：上海古籍出版社，2002：671.
③ （明）鹿善继. 四书说约 [M] //续修四库全书经部第162册，上海：上海古籍出版社，2002：672.
④ （明）鹿善继. 四书说约 [M] //续修四库全书经部第162册，上海：上海古籍出版社，2002：663.

一开始便是重叠的一条线。鹿善继眼中的"博"与"约"与二者皆有不同，他认为"博"与"约"初时是并行不悖的两条等长的线段，在"博"到一定程度时，"博"这条线逐渐靠近"约"，直到完全汇拢。

此外，鹿善继的会通朱王还表现在不少概念上，比如"诚意"：

> 人情畏外不畏中，以其独知之地指视所不到也。故外面事体，还求做模做样，责以诚意，一假生活，绝没肯上这船的。夫诚其意，是毋自欺，毋自欺是能自慊。此境不对一人，此几不容半错，人关鬼关，自出自入。①

王阳明的《大学》以"诚意"为中心，鹿善继认为诚意只是不自欺，还当不得要领，此目的正是批评阳明后学的现成良知说。鹿善继又将诚意归于慎独，与朱熹的"几"的概念产生联系，让诚意重新回到朱子学的系统中去。鹿善继深知，朱子学不仅仅是格物，还包括一个道德自觉，这是最终的目的，而这正是阳明学关注的重心，两派在这里打通，可以相资为用。

第二节　反约认理

鹿善继《四书》学还体现了其学术在"融通朱陆"之外的另一个特征，即是强调实践、反约而不忘理，同时在"学"的部分，鹿善继又强调"礼"的重要性，"约礼"是鹿善继非常强调的一个部分，而这部分又自然融入实践之"行"中。而鹿善继对"学""行"的强调，其实是其融通朱陆之学风的实践性上的表现形式，蕴含着约而不忘理的实质性内核，其主要内容就是教人从日用伦常中去体验儒家之道。同时，由于其本人为军方将领，所以其会在军旅生涯中实行儒家之道，如在有机会飞黄腾达更进一步的时候，毅然选择放弃机会，追随师相孙承宗，共患难于边疆。又如金花银案中，灵活运用儒家"经"与"权"的思想，敢于承担责任，化解了边疆的粮食危机等。本节以"学""行"两部分来对鹿善继的《四书》学进行总结和分析。

首先是"学"。从朱、王两派的学术分野来看，强调"学"是朱熹一派的重心。如果说阳明完全不重视"学"，那是不公允的，但是其"良知"学本身的内在逻辑就规定了它必然更讲求"悟"这一上行的概念。因为在阳明的定

---

① 鹿善继. 四书说约［M］//续修四库全书经部第 162 册，上海：上海古籍出版社，2002：507.

义下，良知本来就是"不学而知，不虑而得"的，只有诚意、毋自欺或说慎独才是它的特殊法门。鹿善继在《四书说约引》中指出其基本精神是：

> 反约之道无他，于圣贤之言随其所指，居上为下，在邦在家，利害丛生，辞受去就，无不提本来之心，按当下之身，一一质对，如涉水者之浅深自酌，如饮水者之冷暖自知，决不敢以实未了然之心，含糊归依，尤不敢以实未凑泊之身，将就冒认，则圣经圣传，会归于无言之地，不求约而约在焉。颜子复礼，其目在视听言动，约之实际固如此。①

鹿善继以"说约"为其论著之题，说明其释文的主题是"归于约"的（需要注意的是，关于"约"字的理解，有两重含义，其一，有"简洁"之义，此时，"约"强调反归内心的状态，有大道至简之意、简化礼制之行；其二，有"约束"之义，表达此一义时，"约礼"即体现对"礼"重要性的认知，也表达对一定规范的认可，简化礼制不代表可以全无底线，肆意放纵），这在开篇解读《大学》中的《大学之道章》便有体现：

> 人自有个虚灵一窍，万物同体是天命之为人性，乃至善之理。②

这也符合前文所说王学自身的逻辑，其特色之处在于，他认为"约"虽然是处于更本质的地位，但是不"学"是不行的，这里的"学"并非单纯只有道德伦理，也有知识的含义在里面，这点前文已用比喻的方式阐明。这表明他不愿意将《四书》学的诠释方向转到王学末流中去，而是要在朱学的框架中或说工夫论去探讨这个问题。

当然，关于学的具体理解，历代以来并不相同。对《大学》的"学"字，朱熹在《大学章句序》中从制度角度以大学、小学来解，王阳明在《大学问》中以天地万物一体的境界来解。而汉儒如解之为道、艺，以习为诵习之学，所学内容就是六经典籍。这样就形成了求知识为学，或以修身为学的两种方向。鹿善继在解《大学》首章时指出：

> 说个大学之道，要着人抬起头来，认认生来性命，莫把原大的家当自家小了，即紧说个近道之方，要着人寻着把柄，一一脚踏实地，莫把有定的路数自

---

① （明）鹿善继. 四书说约 [M] //续修四库全书经部第162册，上海：上海古籍出版社，2002：497.
② （明）鹿善继. 四书说约 [M] //续修四库全书经部第162册，上海：上海古籍出版社，2002：502.

家差了，晓得从本上做，而道自得矣。

物有本末四字，开举世之迷，事即跟物来，处物即是事。惟有本末，故有终始，知所先后，非做了本，再做末，只一味在本上做也。亦非遗末不做，做本原在末上做也。①

鹿善继定义"学"的范围总括朱、王两派的学术精神，而以后者为本，以"脚踏实地"为方法，其学的实质并非朱熹的知识学，"修身为本"是其一直强调的内容。

对于学的目标，鹿善继在对《论语·学而》首章的解释是：

孔子原有正经注脚，则大学之道是也，以明德为头脑，以天下国家为着落，以诚意为把柄，诚意只是慎独，此外无学也。中庸天命之性即明德也，天地万物即天下国家也，而戒谨恐惧同此慎独。②

可以看到，鹿善继对于学的目标的解释是正统的心学一脉的思想，只是在这里，鹿善继把诚意转化为了慎独，这就突出了慎独工夫的重要性，而其对慎独的工夫的解释是借鉴了朱子学的概念的，这就把诚意再次拉回了朱子学的工夫论上，具体内容前文已多次说明，这里不再赘述。

可以说，鹿善继的学说兼合朱王，刻意抑制了王学玄悟部分，大大发展了其实践的方面，将学的范围拓展到生活的各个层次。并且，鹿善继揭示了良知与学的关系，如前文摘录的《皆曰予知章》，是与阳明知行合一之说接近的。在解释《论语·为政》部分的《吾十有五章》时，鹿善继指出：

此是学而时习实录，吾人天命一个至善，从起初归依于此，而中间功夫浅深有日异月不同之妙。盖体验愈久，本体愈亲，自然之理也。③

在其看来，中间功夫是非常重要的，所谓"体验愈久，本体愈亲"，良知绝非生来就是圆满的。从王畿、王艮两派开始，既有现成良知、见在良知等说，"学而知"的部分就被淡化了。当然，王畿一派又是从阳明诚意的逻辑中

---

① （明）鹿善继. 四书说约［M］//续修四库全书经部第 162 册，上海：上海古籍出版社，2002：502-503.

② （明）鹿善继. 四书说约［M］//续修四库全书经部第 162 册，上海：上海古籍出版社，2002：536-537.

③ （明）鹿善继. 四书说约［M］//续修四库全书经部第 162 册，上海：上海古籍出版社，2002：593.

来，所以阳明亦未加以否定。鹿善继的修正之功正在于此。

就其内容来看，既有内圣之学，又有外王之学，包罗万象。鹿善继曾于《认理提纲》中总论为学的内圣外王之道：

> 此理不是涉元空的，子臣弟友是他着落，故学以为己也。而说个己就在人上，学以尽心也，而说个心就在事上，此知仁与庄礼不得分也，修己与治人不得分也，博文与约礼不得分也，文章与性道不得分也，不然日新顾諟，成汤且为枯禅矣。①

在释《论语·学而》部分的《吾日三省章》中，鹿善继认为：

> 除了接人处事，何处讨本性着落，除了戒惧内省，何处讨复性工夫。②

所谓"三省"即"忠""信""习"，既有对内心的坚守，又有道德践履，还有知识学的内容，在鹿善继看来，这些都是内圣之学。而在内圣之学中，阳明又有所谓"玩物丧志"之说，鹿善继给出了他的解释，他认为记诵之学就像一个壳，把记诵之学与修身相联系才是我们"学"的目标，在释《论语·学而》部分的《弟子入则章》时，鹿善继便表达了此一观点：

> 圣贤经传原是发人心性之理以为力行之助，而后世记诵之学把所载的话头根原主意全不理会，与自己身上了无干涉，只在口里讲面前说，这样学文算不得学文，先儒谓之玩物丧志。③

释《论语·为政》部分的《吾十有五章》：

> 从心不踰，只是烂熟，然历过多少学力，才全全的天命流行了，夫子自指一生所得，毕竟有描不出处，执定字义揣摩如隔板猜枚，水中捞月，有甚相干。哑子吃黄柏，这苦说不得，你要知此苦，还须尔自吃。④

---

① （明）鹿善继. 四书说约［M］.//续修四库全书经部第 162 册，上海：上海古籍出版社，2002：500
② （明）鹿善继. 四书说约［M］//续修四库全书经部第 162 册，上海：上海古籍出版社，2002：538.
③ （明）鹿善继. 四书说约［M］//续修四库全书经部第 162 册，上海：上海古籍出版社，2002：540.
④ （明）鹿善继. 四书说约［M］//续修四库全书经部第 162 册，上海：上海古籍出版社，2002：543.

这里的学又延伸到社会实践的各个方面，都要"尔自吃"才知"真滋味"，这便涉及外王之学。所谓外王之学，即王道事功之学，鹿善继经营此道多年，可谓极有见地。首先，鹿善继认为，应把外王之学与内圣之学相联系，不可割裂。如释《论语·为政》部分的《为政以德章》：

> 日应万机，何尝不劳其心？是为天下而非自为其功，是暗然而非的然。人自各具一彻天彻地的灵根，只是自不提起，非民之难化也。①

又如释《论语·为政》部分的《君子不器章》：

> 君子从本性起经纶，左右逢源，哪有拘而不能通之处？教天下人干天下事，还须自得者能无穷，有本者能妙用。②

而在解释《论语·卫灵公》中的《女以予为章》中，内圣之学与外王之学应一以贯之的思想表达的更为明确：

> 天下哪有两样事、两样理？天与我一点灵性，千变万化，尤游刃有余，如不从此处下手，纵一览无余，能记得多少？③

其次，鹿善继于外王之学中特别强调"仁"的作用，习兵、习策、经济、治人等事亦是为"仁"服务的。如其释《论语·卫灵公》中的《卫灵公问章》：

> 强兵二字是春秋列辟的命根，策士求用的胜着，而以当孔子之前遂成水炭。孔子别有一道救世的灵符，在国君好仁，天下无敌一句内。④

那么如何达到"仁"呢？"仁"并不是单单靠体验就能做到的，要通过多种修养方法才能达到。对此，鹿善继同意孔子"工欲善其事，必先利其器"的说法，如在释《论语·卫灵公》中的《子贡问为章》时，鹿善继就赞同"事贤友仁"的方法：

---

① （明）鹿善继. 四书说约 [M] //续修四库全书经部第162册，上海：上海古籍出版社，2002：542.
② （明）鹿善继. 四书说约 [M] //续修四库全书经部第162册，上海：上海古籍出版社，2002：545.
③ （明）鹿善继. 四书说约 [M] //续修四库全书经部第162册，上海：上海古籍出版社，2002：619.
④ （明）鹿善继. 四书说约 [M] //续修四库全书经部第162册，上海：上海古籍出版社，2002：619.

事贤友仁二句，要看得善事利器意出。盖以友辅仁，自是不易之理，就如制事之必有器，而使其所事之大夫非贤，所友之士非仁，就是钝家火，如何善得事？①

总之，在对《四书》学的诠解中，鹿善继尽可能地发散"学"字的意义，他希望把阳明学中"理"字的意义进行一次扩充，我们知道，阳明缩小了朱子学中"理"的含义，在阳明这里，"理"的意义内缩为道德伦理，这样就不自觉地把知识方面的内容忽略了。通过扩充"理"的含义而使当世学者在玄悟的基础上不遗忘学习各种实学，把许多日常生活中面临的问题与"仁"字相连，意图提醒当世玄虚清谈者重新认识到"学"的重要性。鹿善继扩充"学"的外延，其意正在于此。

范围扩大只是一个方面，鹿善继认为学还应有次第、有趣味。学习有次第，如《大学之道章》：

四书中，学字总以此章为头脑，说个大学之道，要着人抬起头来，认认生来性命，莫把原大的家当自家小了，即紧说个近道之方，要着人寻着把柄，一一脚踏实地，莫把有定的路数自家差了。②

又如在释《论语·先进》中的《季路问事章》中谈生死，亦有次第：

直为生，罔为死，故践行尽性，惺惺常存，知生即所以知死也。③

学习亦有趣味，如对《论语·雍也》中的《知之者不章》，鹿善继解之：

天地间极好过活，莫如此道，造诣愈深，趣味愈隽，夫子受用于其中，而历指其阶级，令人探虎穴得虎子也。④

总体来看，鹿善继讲"学"，目的是尊德性，手段是下学与上达并举，"学"重于"悟"，其承北方王门一脉相传的兼容并包之旨，表现了北方学术不重玄辨而以践履为归的地域性特征。

---

① （明）鹿善继. 四书说约［M］//续修四库全书经部第 162 册，上海：上海古籍出版社，2002：621.
② （明）鹿善继. 四书说约［M］//续修四库全书经部第 162 册，上海：上海古籍出版社，2002：502.
③ （明）鹿善继. 四书说约［M］//续修四库全书经部第 162 册，上海：上海古籍出版社，2002：593.
④ （明）鹿善继. 四书说约［M］//续修四库全书经部第 162 册，上海：上海古籍出版社，2002：568.

此外，鹿善继在"学"的方面是包含对"礼"的认知的，包括两个方面，即对于"约"字两个含义的理解："约束"和"简化"。对于"约礼"的理解，集中体现于对《论语·八佾》的诠释，而对"约礼"的要求，又非全是"敬"之一字，而是体现了其心学特色。首先，我们要清楚鹿善继对"礼"的态度，鹿善继要废黜"礼"么？答案是否定的，在释《论语·八佾》中的《事君尽礼章》时，鹿善继言：

> 最可恼处，莫大于以礼为谄，成何人心，而世道可知矣。①

其次，鹿善继反对以"敬"待"礼"么？答案是至少没有表示反对。在释《论语·八佾》中的《祭如祭在章》中，鹿善继言：

> 两如在是为礼之敬，即自言其意，可想夫子以此自尽，故每以此观人。②

但是可以确定的却有一点，那就是相比于以"敬"待"礼"，鹿善继更重视对待"礼"时，人的主观意愿的呈现。在释《论语·八佾》中的《孔子谓季章》时，鹿善继道：

> 君子于其不可为处断乎不为，不只是不敢，全是不忍。夫子下一忍字极有意，大夫舞八佾，是把天地间头一等不该的做了，从此再无不可做之事。③

"忍"字本身就带有主体性的概念，强调主观能动性，"不只是不敢，全是不忍"一句，对主体性体验的强调已经超越了带有遵守性质的"敬"这一字而内化于心了。再如解释《论语·八佾》中的《人而不仁章》，鹿善继更是直接把"仁"与"忍"字相联系，认为"约礼"中"约"字的"约束"之意非常重要，但是此"约束"乃是自主体生出，因为"礼乐"自"人之恻然生意"处而来：

> 此仁字便是从忍字作对，人只为这点恻然生意难以欺灭，遂作出礼乐来，

---

① （明）鹿善继. 四书说约［M］//续修四库全书经部第162册, 上海：上海古籍出版社, 2002：550.
② （明）鹿善继. 四书说约［M］//续修四库全书经部第162册, 上海：上海古籍出版社, 2002：549.
③ （明）鹿善继. 四书说约［M］//续修四库全书经部第162册, 上海：上海古籍出版社, 2002：547.

其有声有色、可观可听的仪节，都是摹写他心之不能自已处。①

"约束"的一面固然重要，但是由于鹿善继认为此"约束"更多的是来自人们的本心，因此其也非常看重"约礼"中"约"字的"简化"之意。在解释《论语·八佾》中的《巧笑倩兮章》中，鹿善继表达的甚是明白：

谁识得礼是后？此语极骇末流，此见极透本始，学者不可无此眼睛。从一后字泄露天机……非清谈所可比者。彼欲黜礼教而此则探礼原也；彼坏世教，其心旷而诞，此维世教，其心真而苦。夫子每徘徊二代而梦寐东周，就是此一段话说。②

所谓"礼后乎"三字，乃是子夏对孔子"绘事后素"这一说法的回应，而"绘事后素"的意思是，"先有白色的底子，然后在上面画画"，蕴含了一种对"礼"先后次序的认知。孔子对说出"礼后乎"三字的子夏作了褒奖，认为"起予者商也"，"商"即"卜商"，即子夏。此段是鹿善继对"礼"的态度的明确回答，鹿善继认为"礼"是"仁"之表现，这点需要学者认清，只要能够达到"仁"，"礼"是自然而然可以做到的，那么在这种情况下，简化礼制是可行的。但需要注意的是，有清谈者欲借此废黜礼教，谈玄说妙而败坏世教，这就是不可行的了。可见，鹿善继对于"约礼"的态度，一方面其认为"礼"乃"仁"之体现，简化礼制，使"礼"内化于心是必要的，另一方面又认为当世清谈者迈步太过，完全不顾礼教会使世风日下，不可不防。从对"礼"的态度上亦可以看出，鹿善继的思想是极具调和色彩的。

谈完"学"，我们再来谈下"行"。依照阳明知行合一的观点，学本身就是行，学的内容又是行的领域，只不过学的内容指向的是道德伦理范畴。朱熹讲学虽说知先行后，但也只是逻辑在先，所谓论轻重，行为重，也说明了朱熹对实践的重视。鹿善继也是看重了这一点，在那个强调知远超过行的年代（这里的"知"指向玄悟），引入朱熹的工夫论以作调和，以此强调心学的实用性。实用性体现在多个方面，比如讲生死观时，鹿善继在解释《孟子·告子章句上》中的《鱼我所欲章》道：

① （明）鹿善继. 四书说约［M］//续修四库全书经部第162册，上海：上海古籍出版社，2002：547-548.

② （明）鹿善继. 四书说约［M］//续修四库全书经部第162册，上海：上海古籍出版社，2002：548.

人心道心岂有二心，然只得把属人的一段念头也说是心起头，说生亦我所欲，死亦我所恶。孟子着眼与人不同，乍见夜气呼蹴不受，都是征心的去处。不辨礼义而受之，受的意思原为三般，是经盘算的光景时候从容，故礼义胜不过。盖礼义如等人辨，便自然丢了，呼蹴不受是忽然猝然之际，时不瑕辨，故礼义露出。①

鹿善继的意思是，如生死观这种牵涉"礼义"之节的大事，是需要平日以心体验并以身实践的，不应在临事之时经多方盘算再做应对，若如此则并非懂得"礼义"之节。所谓"人心道心岂有二心"，正是教人知了就要去做，不做只是不知。鹿善继本人在最后的定兴保卫战时亲身履行了其一生的行事宗旨，说明其对如生死观等"礼义"之节的解释并非说说而已。又如解释《大学》中的《邦畿千里章》：

人情出身加民，除了自外于善的，也都成个局，假只是不至善，总为工夫粗疏，本体夹杂，不当止而止耳。此章口气，紧接无所不用其极来。盖话不得不陆续说，而事原分不得。以邦畿与止，以黄鸟与人，以文王作人榜样，而以精益精、密益密工夫为主，如切如磋，如琢如磨，这样做法，才把私欲刷得净，本体才透得出来。盛德至善，民不能忘，正为切磋琢磨，在治民上做也。②

鹿善继强调工夫的重要性，而从这里即可以看出，鹿善继所谓的工夫，并非只是读经之类的书本知识，还有治民等政治实践。鹿善继认为，只有把多方工夫做结合，才不致"工夫粗疏"，才能使工夫愈发精密，"才把私欲刷得净"以达至善之体。

可以看到，由于鹿善继强调经世致用，因此其所讲之"行"，既不是佛家劈柴担水似的悟道，也不是泰州学派生活日用的物欲，而是从燕赵文化的慷慨悲歌之中生发出来，又与王阳明狂者胸次相结合成的一种士君子、大英雄之"行"。这种"行"的内在特质实际上是"万物一体"之心的外在表达，是北方王门兼收并蓄风格的另一种表现形式。

鹿善继非常激赏狂简之"行"，正如王阳明深情赞美曾点"自去鼓瑟、何

① （明）鹿善继. 四书说约 [M] //续修四库全书经部第162册，上海：上海古籍出版社，2002：671.
② （明）鹿善继. 四书说约 [M] //续修四库全书经部第162册，上海：上海古籍出版社，2002：505-506.

等狂态"一样，"狂简"在王学人格特质中非常突出，黄宗羲在《明儒学案·泰州学案一》的序中就曾提道"泰州之后，遂复非名教之所能羁络矣"，以至于"赤手搏龙蛇"成为晚明士大夫的一道风景。朱熹不喜狂简，他释"狂简"为"志大而略于事"。鹿善继讲狂简，但是并非狂禅，而是实地去做。这种狂是超越世俗的光明俊伟的境界，正与媚世自欺的乡愿相对。鹿善继在解释《论语·子路》的《不得中行章》中道：

> 狂者千圣在握，狷者一尘不染，俱出世法之外，人人不喜，然一个是中行之神，一个是中行之骨，去俗俱远，于性俱近。孔子特意取他，以道眼观之也，此处不曾提起乡愿，而所以深恶乡愿之意，亦隐然在内。生斯世，为斯世，大率多讲媚世之术，狂狷却另行事，只管自家所见，不顾世眼非笑，虽其自期古人处，未必即如古人，不屑不洁处有时拘滞太过，然终须望良心上寻路，得夫子造就之，便是中行矣。①

狂简之士之所以胜于乡愿之徒，在于它有对道的执着追求，鹿善继在《论语·公冶长》的《子在陈曰章》道：

> 观此可见圣门诸贤，大率多有狂意。盖脱凡近游高明，须轩举磊落方成片段，才可下手裁剪，如龊龊细琐，绝不能寻向上去，纵完美无瑕成甚用。夫子极不思他。狂简不是凭天资，乃学力所铸。夫子提开头脑，拔起习俗之中，示诸贤入手之功，诸贤一向以传为习，脚踏实地做将去，已是成个条理。
> ……
> 尝见极有意思之人，闻些指授，顿现光景，玩弄既久，浸成虚诞，则孔门诸子所以不至流为异端者，有这一裁耳。不知所以字可玩，彼一味超脱，纵有天然之矩，那里觉得。②

在鹿善继看来，狂简本身并无问题，因为狂简之人大多光明磊落，问题在于某些人以狂简自喻，听些指点就飘飘然"顿现光景"，忽视了脚踏实地的工夫以至逐渐流于异端。鹿善继对狂简的态度称赞有加，因为在他看来，狂简之士亦要注重实践的体验，抵挡流俗以追求千古业、万世名，就像其本人义救东

---

① （明）鹿善继. 四书说约 [M] //续修四库全书经部第 162 册，上海：上海古籍出版社，2002：607-608.

② （明）鹿善继. 四书说约 [M] //续修四库全书经部第 162 册，上海：上海古籍出版社，2002：563.

林、抵制阉党以获"孤凤"之名。如释《论语·季氏》中的《齐景公有章》：

> 夫子论贫富处不一而足，箪瓢蔬水，遂以相赏。盖此是学问到家处，于此略有分毫粘滞，便是见不透也。吾辈莫信眼看过，信口讲过，以己体探一番，看有几分。①

狂简之士不仅应抵挡流俗，追求超越，更要有一种实际的担当，出处辞受不为富贵、贫贱、威武所动心。这种狂简进而就上升为豪杰，就是立德、立功、立言的大儒。在解释《孟子·滕文公章句下》中的《景春曰公章》中，鹿善继评价公孙衍、张仪：

> 喜怒关天下，似好汉子。然使动诸侯处，无非以顺为法。顺字有无限曲折，盖不有以深中诸侯之心，诸侯那肯信他，巧以狐媚借人虎威，什么丈夫，妾妇二字不亏情，然亦眼毒。此之谓大丈夫是做自己的汉子，顶天立地，全不借人。②

要经世，却要以道经世，不是苟且媚世，豪杰式的人格得不到确立，就只能逐世波而披靡，如公孙衍、张仪之辈为人"妇妾"。在解释《孟子·尽心章句下》中的《稽大不理章》中，鹿善继道：

> 士字是柄，要提起看，处末俗，全要这心硬。盖既为士，自谐不得俗，莫为悠悠之口拿不定主意，特举两个大圣人做榜样。③

鹿善继从"士"字入手，认为既为士，就要有士的担当，不能陷于"悠悠之口"以致全无主见，要做豪杰、有担当。因此，鹿善继亦常说"宇宙内事乃皆分内事"，如解释《论语·泰伯》中的《士不可以章》：

> 仁者天命之性，万物一体，上下四方，往古来今，总呼吸一气，人所固有，人所同然，只为不以为己任，遂把宇宙内事皆属分外，藩篱既立，情识横生，自私自利的心肠，朝不及夕的作用，原也担儿轻，道儿近，用弘毅不着，

---

① （明）鹿善继. 四书说约［M］//续修四库全书经部第162册. 上海：上海古籍出版社，2002：630.
② （明）鹿善继. 四书说约［M］//续修四库全书经部第162册. 上海：上海古籍出版社，2002：655.
③ （明）鹿善继. 四书说约［M］//续修四库全书经部第162册. 上海：上海古籍出版社，2002：686.

然有一分士气的怎肯？发个大愿，担起此担，当时天清地宁，鸢飞鱼跃，光景齐现，一个人全挑宇宙，如略有呼不觉，叩不应处，便是不曾任真个重，而自从担起无歇肩时候，一日不死，便一日不许与宇宙相隔真个远。①

可以看出鹿善继讲狂简、豪杰精神的基本价值源泉来自陆王之处。这种担当一旦接受，就成为志节，不达使命绝不罢休，如释《论语·泰伯》中的《可以托六章》：

一点赤心，当此大事，精金在冶，越炼越精，此处不论成败，只论本人不走样。②

但是，如果做豪杰就代表志大才疏，那也当然是不可以的，所以，鹿善继也认为做豪杰亦要有事功的手段，要有为政的本领，要身先士卒，要知民，不能做成只知一味读书却无治国理政之实学的书呆子。如在《论语·子路》中的《子路问政章》，鹿善继道：

论政而以身先，不是好为责备。身不先，人自不从，此是天地间不易的机窍。无倦不在先劳外，先劳之所以难者，正以易倦也。③

释《孟子·滕文公章句上》中的《滕文公问章》：

论为国，便从民事着手，此国之本也。而民之为道一段痛切淋漓，得力在此。盖治民不知民之为道，便做出罔民的事，民无恒产，自无恒心，而所以无恒产，只是君横取以不俭夺人耳。④

鹿善继提倡要做有事功本领的豪杰，其本质就是要当世学者抵挡流俗、经世致用，不要只顾玄悟本体，沉醉于清谈之中，亦不要一头钻入故纸堆中作一个书呆子。鹿善继从逻辑上肯定儒家传统的内圣外王原则及王阳明"知行合一"之旨，认为学者应在经世致用中体验心体，肯定狂简的性格，提倡做有事功本领的豪杰。

---

① （明）鹿善继. 四书说约 [M] //续修四库全书经部第 162 册，上海：上海古籍出版社，2002：579.
② （明）鹿善继. 四书说约 [M] //续修四库全书经部第 162 册，上海：上海古籍出版社，2002：578.
③ （明）鹿善继. 四书说约 [M] //续修四库全书经部第 162 册，上海：上海古籍出版社，2002：603.
④ （明）鹿善继. 四书说约 [M] //续修四库全书经部第 162 册，上海：上海古籍出版社，2002：653.

结　语

　　鹿善继所处的时代是王学逐步由虚转实的时代，作为承前启后的一位思想家，其思想一定程度上偏向于明代传统的王学，而非清代考据学的特点，但由于其身具多重身份，兼之学术时代转型的要求，其思想亦具有朱学认识论中"崇实"的特点，他实希望融通朱、王两方的部分思想取长补短，挽救明末逐渐走向虚无的王学。

　　本书通过对比鹿善继、朱熹与王阳明，简单辨析了许多《四书》中蕴含的儒学经典问题，鹿善继对这些问题也作了独属于自己的解答，鹿善继在《四书说约》中辨析了"新民""亲民"的问题；至善发于内还是发于外的问题；格物是穷理还是正心的问题；修身与本末的关系问题；"诚意"的地位到底如何。在《四书说约》中，鹿善继诠释了自己对未发已发的理解；对于"中"之概念的理解；对"慎独"的理解；对理气关系的看法；对于"诚"的概念的解释。在《四书说约》解释《论语》的部分中，鹿善继着重讨论了对"学"之一字的理解；讨论了"立志与立人"；"仁"和"乐"的关系问题；"下学而上达"的问题；对"礼"的态度问题及君子应具备何种品格的问题。在《四书说约》解释《孟子》的部分中，鹿善继表达了对"义利之辨"的看法；对"性善"与"道一"的理解；对"攻乎异端"与"爱有差等"的看法及对"执一"与"权变"的理解。

　　通过对上述问题的讨论，我们了解了鹿氏的思想特点，即"融通朱王"、"反约认理"。同时，我们应该看到，鹿善继实是一位在晚明学术界颇具分量的思想家，他是北方王门的第四代传承者，也是北方王门思想的集大成者，他的思想对清代大儒孙奇逢产生了巨大的影响，其偏向于实学的思想特点乃是晚明王学思想的一股清流，其弟子评价他乃是明末王学之正传。基于此，笔者认为应给予鹿氏学术史应有之地位。

　　然本书虽对鹿善继《四书说约》中涉及的儒学重要问题进行了探究，但

《四书》中蕴含的问题远不止于此，鹿氏对同一问题的论证也远远不止笔者所列举的部分，其实鹿氏与诸多理学家之思想皆有关联，鹿氏与东林诸君子、孙奇逢等友人的关系问题也值得深入探讨，同时期中西方思想之对比本书亦较少涉猎。然笔力与时间有限，实是憾事，诸多问题，以期后人。

参考文献

一、古代文献

[1] 黄宗羲. 明儒学案 [M]. 北京：中华书局，2008.

[2] 张廷玉. 明史 [M]. 北京：中华书局，1974.

[3] 查继佐. 明书 [M]. 济南：齐鲁书社，2000.

[4] 陈鼎. 东林列传 [M]. 北京：中华书局，2007.

[5] 孙承宗. 鹿侍御碑铭 [M]. 上海：商务印书馆，1937.

[6] 陈鋐. 鹿忠节公年谱 [M]. 清康熙六年寻乐堂刻本，1667.

[7] 王守仁. 王阳明全集 [M]. 上海：上海古籍出版社，1992.

[8] 李贽. 焚书 [M]. 北京：中华书局，2018.

[9] 王畿. 龙溪王先生全集 [M]. 清道光二年刻本，1822.

[10] 黄佐. 北方王门集 [M]. 上海：上海古籍出版社，2017.

[11] 孟昭德. 孟云浦集 [M]. 北京：中国文联出版社，2007.

[12] 孙奇逢. 孙征君日谱录存 [M]. 清光绪十一年刻本，1885.

[13] 方苞. 方苞集 [M]. 上海：上海古籍出版社，1988.

[14] 卢象升. 卢忠烈集 [M]. 清乾隆刻本，1762.

[15] 孙奇逢. 夏峰先生集 [M]. 北京：中华书局，2004.

[16] 孙奇逢. 四书近指 [M]. 清同治三年刻本，1864.

[17] 孙奇逢. 孙奇逢集 [M]. 郑州：中州古籍出版社，2003.

[18] 鹿善继. 鹿忠节公集 [M]. 湖北省图书馆藏清刻本.

[19] 鹿善继. 四书说约 [M]. 上海：上海古籍出版社，2002.

[20] 周敦颐. 周敦颐集 [M]. 北京：中华书局，1990.

[21] 朱熹. 四书集注 [M]. 南京：凤凰出版社，2016.

二、现代专著

［1］朱汉民，肖永明. 宋代四书学与理学［M］. 北京：中华书局，2009.

［2］陆建猷. 四书集注与南宋四书学［M］. 西安：陕西人民出版社，2002.

［3］唐明贵. 宋代论语诠释研究［M］. 北京：中国社会科学出版社，2018.

［4］周春建. 元代四书学研究［M］. 上海：华东师范大学出版社，2008.

［5］佐野公治. 四书学史的研究［M］. 台北：万卷楼图书股份有限公司，2014.

［6］周春健. 宋元明清四书学编年［M］. 台北：万卷楼图书股份有限公司，2012.

［7］周天庆. 明代闽南四书学研究［M］. 北京：东方出版社，2010.

［8］王坚. 无声的北方：清代夏峰北学研究［M］. 北京：商务印书馆，2018.

［9］李之鉴. 孙奇逢哲学思想新探［M］. 开封：河南大学出版社，1993.

［10］李留文. 孝友传家教泽长——北方儒宗孙奇逢［M］. 郑州：大象出版社，2018.

［11］陈山榜. 颜元评传［M］. 北京：人民教育出版社，2004.

［12］朱义禄. 颜元、李塨评传［M］. 南京：南京大学出版社，2011.

［13］姜广辉. 颜李学派［M］. 北京：中国社会科学出版社，1987.

［14］李国钧. 颜元教育思想简论［M］. 北京：人民教育出版社，1984.

［15］王振林. 范阳潮［M］. 保定：河北大学出版社，2017.

［16］李风林. 保定历史名人传略［M］. 北京：方志出版社，2002.

［17］郭绍虞. 中国文学批评史［M］. 北京：商务印书馆，2010.

［18］麦仲贵. 王门诸子致良知学之发展［M］. 香港：香港中文大学出版社，1973.

［19］土茂. 清代哲学［M］. 合肥：安徽人民出版社，1992.

［20］潘富恩. 中国理学［M］. 上海：东方出版中心，2002.

［21］王天有. 晚明东林党议［M］. 上海：上海古籍出版社，1991.

［22］陈荣捷. 王阳明传习录详注集评［M］. 重庆：重庆出版社. 2017.

三、研究论文

［1］肖永明，陈峰. 宋代四书学研究述评［J］. 湖南大学学报（社会科学版）. 2015，29（4）：19-23.

［2］朱汉民. 四书学的忧乐情怀与宋儒的内圣之道 ［J］. 清华大学学报（哲学社会科学版）. 2021，36（1）：123-129.

［3］朱汉民. 四书学整合中的道统与政统 ［J］. 社会科学. 2019（9）：119-125.

［4］张晚霞. 四书类的设立与流变——以朱熹四书章句集注的著录为线索 ［J］. 大学图书馆学报. 2016，34（4）：105-109.

［5］申淑华. 大学研究现状及未来研究旨向 ［J］. 学术前沿. 2019（6）：97-99.

［6］许家星. 四书集注定本之辩与朱熹晚年定见——以胡炳文、陈栎之争为中心 ［J］. 中共宁波市委党校学报. 2020，42（6）：42-52.

［7］孙宝山. 王阳明的论语诠释 ［J］. 孔子研究. 2014（1）：61-66.

［8］孙钦香. 王阳明、王船山大学诠释的比较研究——以新民和格物致知诠释为中心 ［J］. 贵阳学院学报（社会科学版）. 2014，9（4）：29-33.

［9］邓国元. 王阳明对儒家政治文化的诠释——以“古本”大学“亲民”说为中心的考察 ［J］. 王学研究. 2017（2）：21-37.

［10］林可济. 朱熹的格物补传和王阳明的大学问——围绕大学版本的两派分歧 ［J］. 福建论坛（人文社会科学版）. 2016（3）：43-47.

［11］郭亮. 圣人年谱：立志与成圣——王阳明与季本论语“志于学”章辨释 ［J］. 中山大学学报（社会科学版）. 2017，57（6）：135-141.

［12］许家星. 阳明中庸首章诠释及其意义 ［J］. 复旦学报（社会科学版）. 2021，63（1）：125-135.

［13］李敬峰. 晚明阳明心学视域下的四书诠释——以冯从吾四书学为中心 ［J］. 陕西师范大学学报（哲学社会科学版）. 2020，49（1）：104-111.

［14］潘晓玲. 刘宗周论语学案研究 ［D］. 福州：福建师范大学，2014.

［15］王涵青. 从大学诠释的几个基本问题论刘宗周大学诠释方法之基础 ［J］. 吉林师范大学学报（人文社会科学版）. 2019，47（2）：44-53.

［16］朱修春. 从“工具理性”到“价值理性”——论清代四书学的学术转向与道统传承 ［J］. 哲学研究. 2011（7）：55-62.

［17］柏秀叶，王芙蓉. 清代山东四书学特色综论 ［J］. 山东理工大学学报（社会科学版）. 2018，34（6）：81-85.

［18］唐明贵. 鹿善继论语说约的诠释特色 ［J］. 齐鲁学刊. 2021（2）：24-29.

［19］李春燕. 鹿善继对孙奇逢学术思想的影响——以孙奇逢与鹿善继交游考察为切入点 ［J］. 历史文献研究，2017（1）：196-207.

［20］贾乾初，陈寒鸣. 被忽略的晚明王学重镇：鹿善继及其儒学思想初论［J］. 燕山大学学报 2010，11（3）：32-36.

［21］卢子震. 鹿善继评传［J］. 河北大学学报（哲学社会科学版）. 1985（3）：121-127.

［22］吕钧瞳. 鹿善继的四书学研究［D］. 北京：中央民族大学，2021.

［23］吕景琳. 明代王学在北方的传播［J］. 明史研究. 1993（0）：94-100.

［24］卢连章. 洛学及其中原后学［J］. 学习论坛. 1994（3）：31-34.

［25］胡志娟. 北方王门学术思想研究［D］. 聊城：聊城大学，2018.

［26］范琳琳. 三教视域中的阳明后学——以北方王学为中心［D］. 南京：南京大学，2018.

［27］孟成刚. 明代中后期北方王门思想析论［D］. 西安：陕西师范大学，2015.

［28］任永安. 明代北方王门心学研究的回顾与前瞻［J］. 西部学刊. 2020（8）：124-127.

［29］彭耀光. 明代中后期山东王学研究的回顾与前瞻［J］. 海岱学刊. 2016（1）：96-102.

［30］郏旭东. 明代北方王门之洛阳王学综述［J］. 长江师范学院学报. 2009，25（1）：131-153.

附录　鹿忠节公年谱

按：此《年谱》校对整理底本为清康熙六年寻乐堂刻本，乃鹿善继亲传弟子陈鉱受鹿善继挚友孙奇逢委托所作，参照 1937 年商务印书馆修订本，点出句读，增加商务本《年谱》没有的时间等信息，以饷读者。

一、先师鹿忠节公年谱序

先师崛起北方，从《传习录》得所谓绝学者，慨然以继往开来为己任，而江村书院，天下共仰为传灯之地。鉱生也晚，比甲戌，始登堂，日闻所未闻，始知学问之道，在先立其大者。大者何？良知是也。良知者何？独知是也。独知者何？知痛知痒之灵明是也。鉱不敏，方知策厉，而先师往矣。呜呼，孤独之窍，若明若昧者，迄今三十余年。然颇从院深人静时，缅想先师之行己与先师之持论，辄叹先师之行己，为仁者之勇，而先师之持论，为有德者之言也。今年夏四月，谒徵君孙先生于苏门。先生愀然曰："凡古之君子殁，而志传碑铭之外，又有所谓《年谱》者，备载其事以示后人。子之师为一代理学真儒，殉城后，完名全节，天下诵之，虽诸君子表章已力，然非年谱恐犹未能详也。夫年谱之任，吾以属子，子其勉之。"鉱唯唯归来，寝食勿敢忘。即取先师已刻之《认真草》，未刻之《三归草》，一一翻译之。阅三月而得其时与地，复阅三月，稿成，但愧识卑笔弱，如拙工之写真，尚未肖其面孔，又安知所谓颊后三毛乎？虽然所恃者有徵君孙先生之笔削在。

时 康熙丁未腊后 涿郡门人陈鉱熏沐拜撰

二、鹿忠节公年谱

先生讳善继，字伯顺，姓鹿氏，其先小兴州人，明初内徙家于定兴之江村。始祖荣荣五世孙，府号龙江。性孝、友慈、和乐、易即。有以睚眦及者弗为，校封文林郎，襄垣县知县，是为先生曾祖。祖讳久徵，号豫轩，万历庚辰进士，江西道监察御史。神庙，因军政考察不当，罪兵部，并斥南北台省数十人。上疏申救，谪山西泽州判官。熹庙御极，追赠光禄寺少卿。父讳正，字以道，号成宇，少为诸生，倜傥有大节。逆阉时，倾身急左魏诸君子之难，海内所谓鹿太公者也，封太常寺少卿。先生于积德之后，挺然以乾道自任，自强不息，学者咸称乾岳先生。

明神宗万历三年乙亥十月丁丑 先生生（1575 年）

是为十月十三日，太恭人田，年十六而鞠先生于江村。

八年庚辰 先生六岁（1580 年）

二月，祖侍御豫轩公，成进士。

九年辛巳 先生七岁（1581 年）

是年，从祖父受章句。先生生而凝重，少不嬉戏。豫轩公暨成宇公不令就塾师，庭训焉。

十八年庚寅 先生十六岁（1590 年）

十一月，曾祖龙江公卒。

十九年辛卯 先生十七岁（1591 年）

是年，娶元配赠恭人王氏，容城庠生之楣女。

二十一年癸巳 先生十九岁（1593 年）

是年，试有司，以第一人籍于皇宫，督学道者，周公孔教，雅擅人伦之鉴，呐呐赏异之。

三月十六日，子化麟生。

二十二年甲午 先生二十岁（1594 年）

八月，应顺天乡试，因场中题未得解，归而旁搜诸家注义，其有采辑王文成《传习录》中语者，每阅之，辄心动。时侍御公方按苏松，先生启购焉。侍御公为之色喜，论云："看字有曾点、漆雕开，已见大意，意思扩充得去，便是天地间第一等人，眼前功名无论也。"

二十三年乙未 先生二十一岁（1595 年）

是年，侍御公寄《王文成全书》来，先生取《传习录》，寝食其中，慨然有必为圣贤之志，而一切着落，皆身实践之，以阳明所谓将本体只作一番光景玩弄者为戒。自少至老，在邦在家，只求事事不亏本分，时时不愧本心。故能崛起北方，倡明绝学，卒之杀身成仁，舍生取义，为有明一代真儒云。

二十四年丙申 先生二十二岁（1596 年）

是年，侍御公建言，谪判泽州，以台檄还里，督教甚严。先生担承更勇，德业举业，与日俱新矣。

二十五年丁酉 先生二十三岁（1597 年）

是年，孙启泰先生总角游泮，文名蔚起，啧啧乡党间。先生过容城，闻之，遂定交焉。先生性不爱饮而俱饮之致，劝酬欢然，春生满座，亲知迎者恐后，率辞诸富贵，下北城榻以为常，北城启泰先生里也。

二十六年戊戌 先生二十四岁（1598 年）

先生自髫年与同里杜腾江为文字交。至是，社友或相谑。先生正色诫之，腾江愕然，服其力拔流俗。

二十七年己亥 先生二十五岁（1599 年）

是年，范一泉先生解祖归里，凤闻其历政清敏状，遂奉侍御公命往谒焉。入门见垣不垩，地不砖，临衢数椽即为客舍，真趣流行，一切分别拘忌矜饰都无所用，自是束身奉教，不啻北面事之。

二十八年庚子 先生二十六岁（1600 年）

是年，元配赠恭人王氏卒。

八月，应顺天乡试。

二十九年辛丑 先生二十七岁（1601 年）

是年，娶继配封恭人王氏，前恭人女娣也。

是科会元许公獬，次王公衡，俱海内知名士。先生独嗜王文，叹以为从前未有。盖缑山领解后，复入山读书者十年，经史子集，无所不窥，故其文独异。先生尝语人曰：“学不透本原而端坊表，与夫文不悉机窍而登甲科者，皆谓之暗合，非不驱驾一时，而反之吾心，求所谓自得者，则未也。”

三十年壬寅 先生二十八岁（1602 年）

是年，先生文日进，邑孝廉杨太仆尝谓启泰先生曰：“伯顺为文，《五经》《四书》无不联贯，每至后幅，皆有一段确然不拔之论，若同出一源者，何说耶？”启泰先生以语先生，先生曰：“得力固在《传习录》尔。”盖先生有本之学，学自不同。问渠哪得清如许，唯有源头活水来，其斯之谓与？

三十一年癸卯 先生二十九岁（1603 年）

八月，应顺天乡试。

三十二年甲辰 先生三十岁（1604 年）

二月，启泰先生会试不第。先生访之，援王文成“世以不得第为耻，吾以不得第动心为耻”相劝勉。

三十三年乙巳 先生三十一岁（1605 年）

是年，启泰先生居肯轩公忧，筑庐墓侧，颜曰时思亭。先生时过唁焉，辄徘徊不忍去。因有诗云：横襟东海揖郎山，中有一庐无愧颜。毁后仅余眉宇在，愁来且把蓼我删。地当赵北燕南际，人跨椒山梦骥间。客子语言忽可味，细询知自见君还。此亦可以见启泰先生品行矣。

三十四年丙午 先生三十二岁（1606 年）

八月，领顺天乡荐，出王公以悟之门。先生既登贤书，布衣草履如常。赞王公惟红白简数种，门下常赏尽绝之。尝谓登进之士，贪若固然者，实自妄费始，妄费则负债，负债则必取偿于服官时。故痛洗夙弊如此。

三十五年丁未 先生三十三岁（1607 年）

二月，会试不第。

八月，祖侍御豫轩公卒。

十二月，葬侍御公于龙江公墓侧。

三十六年戊申 先生三十四岁（1608 年）

是年，启泰先生以内艰复庐墓，先生过啕更勤。饭粗粮甘之。曰："贫字儿抬举人。吾最喜贫士况味。至孝廉之贫，尤所谓贫即是道，吾未尝此味，恐当境不能自持尔。"

三十七年己酉 先生三十五岁（1609 年）

是年，先生过启泰先生时思亭者，不啻数四。

三十八年庚戌 先生三十六岁（1610 年）

二月，会试不第，先生语启泰先生曰："二十年辛苦，未卜税驾，潦倒名场，头颅自笑。我辈奈造物何？丈夫方寸属我，何事不可为？我辈倔强犹昔，即造物可终奈我何？"

是时，邑薛孝廉一鹗诬谤之事起。孝廉方秀才时，为邑令宋继登馆客，令中蜚语。孝廉同士庶为辩雪，因挂弹章，于是邑绅有不类者，以健讼纳孝廉名于访察，事连邑令并及一泉父子。先生曰："是可诬也，孰不可诬。"毅然告于新令胡公嘉桂。胡，贤令也，持甚力。人谓"邑复有天日"云。

三十九年辛亥 先生三十七岁（1611 年）

是年，邑绅之不类者，复簧鼓郡守，事几变。先生愈益奋发。时启泰先生馆都门。先生飞书招之，共集孝廉诸生三十六人，为告于守。守语稍侵先生，先生愤然曰："论官者，何忍以循良被恶名？养士者，何忍以衣冠置涂炭？借胥吏以倾士类，借士类以倾县官，尚有天日乎？某等颇知自爱，从前未尝来，此后定不来，独此义愤所激，不容不来尔。"侃侃昌言，守为气夺，同侪虑激怒，退而戒之。先生曰："彼中情怯尔，畏我辈法语，支吾不暇，何怒为？"乃复告于观察刘公以风节者，与先生意合，事得白。方是时，夏雨如注，河水涨平，地深数尺，同事两生几溺死，而先生以病困之身，气愈猛，神愈王，人谓先生三十年金相玉质，不关外事，一旦排难解纷，谊出古人，仁者之勇，固如是乎？

四十年壬子 先生三十八岁（1612年）

是年，先生从弟恒岳府试遗名，太公以同居犹子，故属先生开续。先生曰："孝廉请托，习惯成性。生平立志，欲洗此陋，今复蹈之耶？且进取自有义命，幸实不开，可消子弟妄想。"太公颔之。其事事不苟，类如此。

四十一年癸丑 先生三十九岁（1613年）

是年春，会试赐进士出身，观政兵部。

闻报日，夫马鼓吹咸谢之，策蹇北上，途中新贵有呵其不避路者，先生戒家僮勿言。涿守左之，似素通声气，遣卒探之而不能得。答探者，后察之策蹇状，叹以为非常人。

先生出徐公光启之门，其贽徐公也，与贽王公同。后，徐公殁。先生为文以祭之。略云："某受师恩，在风尘格套外，追意及门，群为执贽。某具八行，以红白柬当锦绣段，人皆目笑，师独心嘉，每于旅进旅退之余，容以不衫不履之度。"盖实录云。

既入都，萧条高寄，不屑逐新贵风尘。时启泰先生尚馆都门，每过从。一日，偕访周景文顺昌，袖《杨忠愍集》以赠。因有诗云：寰中第二吾辈事，好向椒山句里寻。盖交勉也，后景文死于党，先生死于城，俱作第一流人，可谓不相负也。

序《周景文制义》，略云：景文质任自然，了不作回互婉阿态意，其文必吐露肝胆而以风骨自胜者。已而以《制义》示，因叹天下事患不真尔。真则源流较然，万不失一，自江河不返。涉世既深者，工模棱之术，藏头盖面，涂饰万端，其本色遂不得可辨，世不乏冷眼，即以不可辨辨之。景文居京师，左琴右剑，独坐萧然。间与不佞过谈，扼腕时事，浩然与叹，其意远矣。大约吾辈肺肠于世，味不冷者，于名义必不热。诸葛武侯鼎立三分，泪滴千古，都从淡泊宁静中来。中世士大夫，宫室妻妾靡然自奉，其于公家事，度外置之，何怪焉？不佞椎拙无似，每执"知命"二字解嘲，而嘲益起，代不佞解嘲者，独有容城孙启泰。今年通籍，复有景文。一日过不佞，适启泰在坐，戏谓仕路羊肠，若复能倔强耶？景文指心曰："吾以真是真非，听之此君。"复指天曰："吾以或利或钝，听之彼君，如斯而已。"启泰曰："此生倔强犹昔。"

九月，假归。过鋐里，鋐祖梦日公既逝，内忧外侮，门祚中衰。先生隐之，而鋐父尚未游泮，鋐伯金溪公，访师席于先生，先生曰："宜莫如我。"遂以鋐父属焉。

四十二年甲寅 先生四十岁（1614年）

是年，门人始进。先生念国家欲士之因本业以译经旨，就所发挥孔孟者，验其浅深而甲乙之。盖所重在道德，不得不借富贵之权，奔走天下，然则先觉之用即寄于斯矣。归里后，有执贽及门者辄诲焉，日取《四子书》相与讨论，举先圣先贤奥义无不抉出而示之人，复无不证入而归之。我谓先圣先贤往，而圣贤之心至今在，特患不反求耳，故名其所著曰《说约》，盖欲人之反也。先生寓讲学于授徒，以行继往开来之志。是时，鋐父趋受业，而杜君异越、张于度果中、贾正卿三槐、王太冲烨辈接踵来。先生顾而乐之，朝夕提命，亹亹不倦。

四十三年乙卯 先生四十一岁（1615 年）

是年，教授如故，复著《认理提纲》以开发之，大抵引人寻孔颜乐处，从"乍见孺子"一段体认良心云。秋，谒选授户部山东司主事，职盐法。先生念国家边饷取足于盐策，盐法坏而边饷空，司农仰屋，于是谢交游，绝宴会，日与正郎袁应振讲求职掌。袁留意盐法者久，先生一见倾心，因致书曰："倘借不倦之教，略通世务，为公家效一臂力焉，生平足矣。"斯时也，先生有《闽粤盐法二议》，穷原竟委，燎然知受病者何在，疗病者何方，而惜乎未竟其用也。

四十四年丙辰 先生四十二岁（1616 年）

是年，监督马房，先生慨然与厘弊之思，一再呈堂请裁。冒破略云：理财者，即帑藏充溢，犹惓惓于漏卮之塞，矧太仓悬罄，边士枵腹，而忍耗财于万万无益、明明不实之额乎？

八月，母田太恭人卒京邸，先生一痛几绝，勺水不入口，太公数抵丧次，勉以大礼，始有起色，而终身病原遂肇于此，每曰当时不早提"礼"字作主，遂为年年抱病之人，以当萱堂变者，贻椿庭忧也。席块三年，不饮酒，不茹荤，此自读礼之常，不足为先生纪矣。

时贾正卿以母丧庐墓，同门生将往慰。先生代为言曰："正卿庐墓，闻者异之，然正卿质朴近鲁，博综未遑。盖模心非模古也，不学不虑，孟氏刻画此良心，宁直达之天下，实达之万世，此往古来今所不能异同之脉而情矛智刃所不尽划除之根，毅然前往，直致其知，若正卿者，勇过孟贲远矣。"

九月十三日，长孙尽心生。

十二月，葬田太恭人。远近于是乎观礼。

四十五年丁巳 先生四十三岁（1617 年）

是年，四方来学者益众。先生性严毅，是非好恶未尝少徇于人，而同心者，则无不饮以和、迎以善，春风之座，嘘入肺腑，殆不独发彼群蒙也。

答王公命新问学云："老公祖过听何人？而以学下询不孝。病中，偶于问业童子，有所讲说，大要帖括之习，何知有所谓学？仰承明论，谊切请教，不避潦草，以《论语》首章呈。盖系初时答问，其语稍详也，然则先生之学尽在《说约》可知已。"

四十六年戊午 先生四十四岁（1618 年）

是年，鋐父入学，先生绎入学之义相勉，略云："操铅椠以应里选，入学者不乏人，而'学'字曾识否？二三子以举业问余，强颜与之言学。盖工文者必识题，而题谁氏之语？且其所做何事？所着何境？所用何功？此之不解，笔锋纵利，凭何发抒而可舍学谈业耶？范彭闻余谈学，即信真举业不在学外，探经考传，务求实底，举危微消息欺慊，关键悉就吾身日用间认之，不敢据纸上为活计，问切思近领，略甚速。薛文清云：'读书吾得其要，天命之性是也。'范彭可与言《读书录》矣。"

先生内弟太冲亦以是时入学，先生拈"做人"二字示之，曰："做人二字，余所奉教于君子者也，每对二三子提为谈柄。盖人之一生，遭际层累，阶级名色，日迁月易，所做多端，而总之无非此人，有愧不论轩冕，无愧不论韦布，愧非外来，凭人自造。然做别事犹有待，做人则随其所在，此日、此时、此事、此心，便可下手，而不断然决机于当下，未有能做者也。即就太冲游庠所升之堂，颜以明伦而父母俱存，兄弟无故，复身际之，则做人于此，舍孝弟何以焉？"后，宋文在入学，先生复拈"做人"二字详言之。谓："世俗艳称，做官而自做秀才始然，秀才以登第为能，做官以登台鼎为能，做而即以登第登台鼎为不枉，做人诚如是，不第不台鼎不为人乎？登第登台鼎遂为人乎？俯仰古今流芳者，多非显爵，遗臭者偏是，要人'做人'二字可思已。人之精魄、气力，各寄于所做，不有所期，无以为做之程，不有所凭，无以为做之具，不有所感激愤发，无以为做之机。做人亦有程，希贤希圣希天，非其规模与？且自有具，正心诚意，非其把柄与？更自有机在于知耻，提此机以震荡于衾影之间，一念有愧，不敢自比于人，由此而登第登台鼎，无加也，即不然无损也。"

是时，邑有籽粒，事籽粒者十场，地千余顷，洼咸不任犁锄，故永弗税。黠者以献勋戚珰请于县官，遂赋之民，为庄岁所征不登，则以累其门，且以累其乡，民鸟兽散。先生力言之，当事求以折征法宽之，阅二载，乃成。爰为邑令，毕公树碑颂其事，略云："天下万事皆从心起，不患事不就，但患心不真。真者，心之本体，从来称天下有心人为其真也，真则热，热则遇而即粘，不能秦越视，真则耐，耐则挫而益坚，不因迟久灰灭征之议，诚为大造，非公当之，得无隔肤不亲乎？相沿久，则势难返，更端骤，则人易疑，而素所穴以为利，挟以为重者，且不胜异意，而奸人乘以交担其间，吹索揶揄，皆足以乱任事者之所守，使造端之初，微涉门面，废然返矣。自公起议，再易寒暑，急急图之，盼盼望之，默默待之，当浮沉难稽，成败未必之时，旁观者意公兴且阅，气且竭，而公神更王，竟以耐之一字奏此奇功，悠久成物，其斯之谓与？罗文恭之言曰：'此生活得千人命，甘心不向世外走'。佃民数千家，脱汤火而世世利赖，尝私度公青天良夜，志之无恶可知也。"

先是，邑故都御史张公镐裔孙，未岁而孤，族人取遗产瓜分之。一泉先生念衣冠之胄，锐意扶孤，闻于邑令胡公，事少定，及胡不禄，而吞噬者复起，且有阴乐贤霸地事，乐贤挟其兄，思贤力能役吏，并能役官，先生以书解于容城令张，乐贤以伪佯绐先生，而府批则尽如其指，先生复书闻张，乐贤挪揄，使不得达，而遣其客说先生曰："阴所为，不夺，投张令书，恐伤体面，万勿为他家事动气，且贫生不得此，将不爱命，窃为公惜之。"先生笑曰："渠以余为私耶？今更于某日书投观察，渠可往夺，藉手以献天子、方伯无不可。且宇宙间事，皆分内事，何为他家？据理而行，何为动气？"客去，乐贤果眴书投观察，即入见，观察加诘责。乐贤崩角伏辜，袖出退地呈，事遂定。

四十七年己未 先生四十五岁（1619年）

六月，服阕，补户部河南司主事，复署广东司，而广东金花银至。方是时，辽左缺饷，请帑，疏皆不报，督部有扣留金花议，先生遂据《会典》商之。同官杨公嗣昌、贾公鸿洙两公击节曰："衙门一向措饷刻薄处斩元气，琐屑处伤国体，惟此举差强人意。然非置一官度外不可。"先生曰："举念时已辨之，先大父家法固在也。"奏记大司农李公汝华曰："每岁，广东解金花银进大内，此近例也。顷督部有扣留之议，此时仍进大内，则部议终成画饼。欲竟解太仓，则谕旨艰如拔山，莫若借发为便。"查《会典》，载称金花银即国初所折粮者，俱解南京，供武臣俸，各边或有缓急，亦取足其中。正统元年（1436年），始改解内府，岁以百万为额。嘉靖三十二（1553年）年，题准各官籽粒及各处京运钱粮，不拘金花折粮等项，应解内府者，一并催解贮库，悉备各边应用，不许别项挪借。夫曰"缓急取足"，是内府与外府分用也，曰"悉备各边，不许挪借"，是备外府专用，而内府不得旁分也。今边烽告急，军粮乏用，即举金花全数，一旦复还太仓，亦率由祖制，非夺大内所有而益外府也。惟是皇上批发支之高阁，而中涓荧惑其间，急难得旨，一面题知，一面劄纳银库转发辽左，权自外操，不至如帑金缄縢不可问，天下事为之有机，留与不留，系于进与不进，此际间不容发，万一震怒不测，请以身甘罪，不然局外者方议留，而局内者且议进，无论清议不可，即主上视吾辈何如？"司农如先生议。上怒，夺俸一年，勒令补还。司农不敢违，先生奋发曰："司官以死生争，堂官以去就争，上意即坚，未必不可转也。"廷谢日，中官阖扉不听，出勒问太仓云何，主太仓刘公荣嗣报曰："发三日矣。"然实未发也。中官传严旨促令补还，先生曰："有银何用借？无银又安从补？"中官愕眙不敢应。

先生曰:"但执某语回奏,死生惟命。"中官叹息而去,诏镌一级,补外。时七月二十六日也,大臣暨台省力争不报,拟降山东运判,亦不报。先生遂移疾归,决计时,群掾环泣曰:"非专责,何苦认真?独烦一推署符尔。"后刻先生所著文章十五种,高阳孙文正公题曰《认真草》。盖快此语,足以肖其生平,云被谪日,急宣户部堂司官,声如雷动。先生适食于贾公寓坐,客失色,先生食自若,食毕,徐着衣去,贾公后语启泰先生曰:"当此时,食犹能下咽乎?吾于是觇公不动心之学矣。"

九月,太公出地,代族人贴军,同甲李氏,有军三名,原无本族作贴户例。当年父老闾里情重,于军人行李往来,不无供其乏困,后代相沿,遂成故事。顾贫窘者,殊苦之,太公割地十七亩,与各军分种,代合族帮贴费,先生移呈邑令,毕公且勒之石云。

四十八年庚申 先生四十六岁(1620年)

二月,先生去国归里,海内争以"孤凤"似之,而先生教授如囊时,布衣草履,不敢以诤臣自异也。时,魏公大中,过江村访先生,会启泰先生在座,数年声气凑合一堂,鸡黍相陪,主宾莫逆,复相与如容城拜杨忠愍祠下,徘徊赋诗,盖千古图画云。

八月,光庙御极,首复先生官,典新饷。先生十一月初三日受事。自辽事起,司农措饷无策,骤加派于民,几倍于惟正之供。故别为藏察廉吏主之,遂首以属先生。时,索饷者嗷嗷拥诉,凡外解至,先生即面同解官兑交领役,为持平而不为出入,吏不得上下其手,顾索者猬集而解者不时至,先生太息曰:"天下有刍粮不前,使封疆臣以军约口马裁腹而得成功者哉?外解出于催科,民穷必不能时应。"于是拜疏请帑,略曰:"兵与饷原非二局,月粮行粮,折色本色,同条共贯,总为辽事,苟一节之不应,将全体之俱伤,外解之来,各有程期,即欲强先一日不能,辽饷之索急如星火,即欲姑待明日不可,则所以操赢余为外解之接续,而使新库得环中以应无穷者,非帑金百万,曷克有济?臣在新库言新库,计穷力拙,不得不出于此。"时十一月二十日也,疏入不报,未几经略袁公应振,奏战马三日无粮。先生补牍复请,略曰:"臣自蒙恩复职,仰见皇上万精批答,无留中之疏,一旦留中,自臣疏始,岂以臣疏为无当乎?年来边事规模未定,经臣建此大策,期以兵马钱粮,正月齐足,今十二月十二日矣,屈指正月能有几时?即皇上今日以见在帑金沛发百万,付臣库中,刻发委官,然几日召买,几日转运,已惧时日,而守无一钱之空库,待不可定之外解,岂不误师期,挠胜算哉?臣窃计,自今至几,除凡十八日,一时一刻皆明岁布置,军机精神,结聚之会,倘目前不等转盼而元旦转盼,而元宵正龙飞介,况虎拜扬休之日,臣安敢大声疾呼以渎九重之听哉?是今日不言,非直误今岁之十二月，并误来岁之正月，此臣惴惴焉，沥血补牍以申前请也。"复不报，藉有协力者，仅得帑金五十万饷辽，先生披发缨冠之救如此。

熹宗天启元年辛酉 先生四十七岁（1621年）

是年春，先生以焦劳烦郁致疾调理两阅月，始拊童背以行。一日，杨公嗣昌飞字报先生曰："河南新饷四十万至矣，可健两足。"先生初以为谑，再审果然，举手加额，不觉其足之健也，洵以国事繁忧乐者欤？

时，辽阳陷，以才望改兵部职方，管题覆。先生入署，与同舍郎叶公震生、耿公如杞，誓竭忠无二，念大法不申，为大司马崔公景荣草疏曰："今事势何等紧急，天语何等严切，而各镇泄泄如故，是弃河西一块土也，非决于行法，万无可望，法不自臣始，万不能行。乞将臣速正典刑，某斩某逮某戴罪以彰朝廷之法。"言官忌之，游士任疏，谕司官不应拟请罪之稿。先生与叶、耿二公同具揭明始末，而马逢皋复以小臣略无忌惮劾之。先生偕叶、耿二公辩曰："职等痛祖宗土宇，半陷毡裘，远近官军尽膏锋刃，入署以来，当食废箸，中夜涕流，因思事有纲纪，苟能调度，即一着可救全局之差。官无崇卑，但竭股肱，即小臣可分大臣之任，然职固小臣，而以御史指为小臣，职实不服。职固不敢以戒慎恐惧自信，而以揭应台臣，为略无忌惮，职尤不服。国家倚重台省，原非他司敢望。然二百年来，就威权以谕气焰，既被台省占绝，若按掌故以论名臣，尝见部曹居半，士各有志，不可轻相量也。"即日拜疏出署，诏趣还部。当是时，边事孔棘，羽书旁午，议者人置其喙。先生削牍立应，复请录故将戚继光后以作士气而固人心，又疏恤死事诸臣，略云："广宁失守，将吏相率奔逃，回首河西，几无一人义士，独副将罗一贵守西平，以药尽自刎，监军道高邦佐至松山，谊不入关，竟投缳而死，慷慨从容，两称足色。国家褒忠大典，不以优是人而谁为优？祭赠谥荫，自有应得之例，而臣于邦佐遗书以未封其亲为憾，不觉泪盈睫、刃刺心也。夫循资历俸以徼恩命，碌碌无奇者，皆唾手可得之。独殒命疆场之吏，不得沾一命以荣其亲，此事之极不平，而情之当共体者，则从优赠荫，外俱当就所赠之官，封其父母以慰死者不瞑之目。盖忠孝原是一理，因其忠，以遂其孝。复藉遂忠臣之孝者，以劝为子之臣所系，非泛泛也，不直此也。邦佐为臣死忠，高勇又为仆死义，一时西逃将吏敢当监军之仆一面者谁哉？均宜优恤以示风动。"会王大司马象乾行边，请用废弁张思忠等，先生与耿公如杞持之不肯覆，司马疏争之，奉旨司官不得违阻。先生上书首辅叶福清曰："边疆之坏，由于债。帅之堕军实债，而帅由于中外诸贵人入其债，而为之求帅于职方，职方徇诸贵人之请，由于自爱其官而甘为之效股勤。职方而不可为，则边事终不可为。然职妄意此时职方之或可为也。盖辽东已丧多半，四海骚动，九庙震惊，大家共处覆屋漏舟之中，即有善鐇刺之武弁、惯请托之贵人，亦必为自己性命，权让职方之秉公，而拒意其不然。职方受命之初，对天誓神，泪流满面，欲拼命拼官，尽杜请托之路，庶几鼓舞豪杰之精神，为国家复疆土而雪诉辱。数月来，正路已通，旁路已塞，而旁路之岐极多、势极悍、机极险，挑拨摇撼，无处不到。吓职方以罚以降以黜而职方不动，吓职方以杀身之祸而犹不动，技穷屡变，此督抚之咨所由来也。斟酌可否，自是部覆之体，乃总督必欲再疏以请，而取旨求胜，至有司官，岂得违阻之旨？夫行边与在部无异，而争执与违阻不同，使本兵犹然在部，其于功令不合者，方且事事争执。本兵亦必不以为忤，何独行边而反重之罪耶？言莫予违，可以丧邦，天子且容廷臣之献替，岂以总督遂不容部司之执持，一向边事破坏，坐在司官违阻耶？职方一官，其为诸贵人供薪水之区久矣，久为仰给而一朝断之，自不甘心，不去职方不止。然职方去而鐇刺者便，请托者便，即于职方亦何所不便。特此职方去，而后来者戒为覆辙，恐国家受其不便尔。故率天下之人而再入旧套，永无不债之帅者，实自司官，岂得违阻之一言始？勿谓能违阻之司官为易得，勿谓去能违阻之司官为小失也。职尝谓今国家之事大坏，极敝之端有二：一曰卖法，一曰卖官，而总之成其卖国。国既卖之日，其家安厝哉？伏祈阁下破难破之面情，挽难挽之积习，极力主张，庶不负一番出山之意，而国家受再造之福，非止为一司官明职掌也。”福清不堪其言。先生谒之曰：“老师七年相业，海内倾心，奈何至今日为行边司马，地不为二祖十宗社稷地乎？”福清意解，事竟格。方是时，先生声噪甚，请书草者履满户外。先生曰：“国事至此，宁直非臣子爱官时，亦非臣子爱名时耶。”誓不以示人。

八月，子化麟举顺天乡试第一。时，先生大母在堂，荐绅为文以贺，名曰“龙飞纪盛”，内一段，述先生薪水时不给，大母脱簪珥佐费，都门传为佳话云。

时，众正登朝，高公攀龙、邹公元标诸君子，探有才望廷臣。退食之余，相聚讲学意重。先生顾讲座中，戒律不言朝政。先生曰：“在朝言朝，当此多事之日，身居大臣而不言朝政，不知何以谓之学也？”高公总宪时，疏荐先生刚毅清约，实心任事，请以职方兼御史，督辇下保甲，教民忠义，有旨允行，卒不果。

二年壬戌 先生四十八岁（1622年）

正月，侍御公得赠光禄寺少卿。

为《范文景公序款议》，略云：“按其已成之绪，追想当日惨淡经营，穷人情事势之变，而用其调剂，不知寝食废几何，心血耗几何，顽如石，直如矢，处处认真，人以为大家事者，偏见为自己事。”先生为范公传神乎？抑自道也。

初，河西陷没，高阳孙文正公以阁臣理司马事，毅然违众论，请置逃臣于辟。先生举手加额曰："东事不足平矣。"六月，高阳公阅榆关，先生奉旨从，谓今日关事主意，要步步向外生，打起精神，细寻着数，使三军之士畏法而不畏敌，而其大端，在举逃官逃将挑换之，耳目一新，旌旗一变，事无不可为也。

七月，高阳公复命，遂以之入告云。

是时，先生得马世龙于偏裨中而奇之。高阳公遂荐于朝，授马松喜太四路总兵官，其后恢复之功，世龙与有力焉。

八月，高阳公自请督师榆关，先生复举旨参幕事。会铨司缺，群欲挽先生，先生曰："师相舍黄阁而驰丹徼，某苦幕府而甘铨司，岂人之不相及遂若是乎？"既抵山海，犹有及之者。先生报书曰："某孤踪僻韵，梦魂不到清通之座，且随师相赴关，师相一日在师中，某即一日在幕中，极知迂腐无补尺寸而悃款一念。主忧臣辱之日，情愿在行间为共忧共患之人，不论有补无补也。未出门时，已禀念告天，归心一路，断不至此作回头想。"使其至此作回头想，诸君子亦何所取而用之？又有为先生危者，先生报书曰："以师相急于为社稷图安，遂不避危险，然亦必安其身，而后可以安社稷，师相原自有见，非孟浪冒险者比，而从行之幕僚，安可知已？"高阳公亦语先生曰："太宰以铨郎待君，予虽欲夺贤，独不忧太公七箸乎？"先生对曰："辞塞上就铨司，此常人所不为。家君范阳男子书来，嘱某从公于边，老人为汝加一饭。公以常人目某，顾忍以常人目家君耶？"高阳公改容谢之。

初，高阳公至关上，仅得甲士三千，立骑兵营，其经营惨淡之苦，惟先生同之。厥后，恢复辽疆四百里，凡五城七十二堡，所与密画者，先生一人而已。高阳公尝曰："伯顺在坐，使人非几尽杜，俨若严师，助我神明者，不止谋谟也。"其知先生者深矣。

三年癸亥 先生四十九岁（1623年）

正月，从高阳公阅宁远。

九月，复抵宁远，高阳公率文武吏登城四望。时，觉华岛将金冠舣舟以待，高阳公周回岛上，相度形势。自望海至首山，由首山东去，历变树连山，至葫芦套，对套为罩笠山，陟绝顶，循边堡迤西，倚鞍山，附灰山，面蜡子山而归，驻前屯，遂定修筑宁远之计。

先生以君父之急，从枢辅于行间，尝曰："吾人生天地间，第一等原要报国家，而报国家又全在安危存亡之际。"及读岳石梁所贻诗至"榆关未许泥丸塞"之句，按剑太息曰："此方是今日为臣子正经案宗。"其所自矢者以复辽为职掌，所倡率者，以复辽为指归，一切馈遗请托，皆痛绝之，其示诸将也，有曰："居恒闻，将官除送礼，别无本领，不谓时至，一墙隔敌，本领如故。以本司硁硁之守，犹有投礼单者，本领可知已。且其假边城情以藏礼单，即白昼以成幕夜。自待非人，复以非人待本司。欲即题参，恐为已甚，碎其单而摽出其使，白其事而姑隐其名，愿将诸将尽洗肺肠，别学本领，要知今日，除斩获别无官阶，要信本司，据送礼即为罪案，敬先文告，莫谓貌言，如负婆心。休嗔辣手。"其答诸总戎曰："此时何时，此地何地，我辈所干何事，师相所禁何言？当大家相信以成关门，绝馈送之名，岂不题掇清明整肃之精神，以寒敌胆哉？"与康博士曰："幕中司官送人到关城将吏处，是自作嘱托之俑，而其人借荐主之势，横骛于各衙门，众避投鼠之忌，莫可谁何，此人情事理之必然者。仆方切齿恨之，而敢蹈之乎？"与高游击曰："凡用将之事，抚道镇司之，而总承于师相，幕僚数辈全无干预，门下试思使幕僚与用人之事，今日用一将，由某幕官，明日用一将，由某幕官，尚成事体否？"

是时，王总督象乾，引蒙古七十人入水关。先生以书与其幕僚来问义曰："此番又引蒙古入水关，春初曾如此，犹曰偶然尔，今则为常矣，此何事而可常？关人大恐，夫抚敌而必引入内地，其害甚于不抚，不抚为仇，犹隔藩篱，引入遂窥室家，岌岌乎殆哉。尝闻边人言，从前抚敌，大臣不与见，委其事于边堡裨将，盛张威仪，引至堂下讲折，断不轻添一物，即彼苦求，亦论以事统于尊，下不敢许，彼以大臣为天上人，不可得见，裨将因得示不可测之势，而若阴若阳，使俯首以就条旋。迄今，大臣自与讲而底蕴露矣，其要挟无不可遂，边将束手，边事再不可为矣。惟大臣必自与讲，已不敢违出，遂不得不引之深入，其窥侦我者，能保不就此七十人中做工夫耶？"问义为先生莫逆交，故寓书如此，凡高阳公所不可告人之苦心与所不必口出之苦语，先生举代为言之。

是冬，上念东方寒，赐督师辅臣以下貂皮及白金文虹，人为先生荣，先生独歉歉于无以报称也。

十月十三日，负剑跨马，从登十三山，凭吊医巫间。高阳公赋诗壮之。先生怡然曰："庶其酬生而悬弧之志。"

四年甲子 先生五十岁（1624 年）

正月三日，同高阳公诣宁远，中朝骇甚，政府枢曹，至以书传上意留行。先生寓书中朝曰："抚军张凤翼，敌未至而潜送家人，民谓大吏已有弃人心，汹汹思溃。故以早春出驻宁远，料理屯田，人始安堵如故，且日扶老携幼就田，关外大陵河之战，斩获无算，士求敌以战，敌逡巡以退，日辟围百里，过师于枕席之间。"书入而中朝之疑释。

五月，先生同杜武库应芳以选军仗入京师，而器甲在内库者，中人司之，类皆拗不可驯。先生刓方为圆，无不应之如响，距江村仅二百里，事竣即还，未遑省视，人比之过门不入之义云。

时有问边事者，先生答之曰："今望边人者切，而不得谓之知边人。忧边事者深，而不得谓之知边事。凡军中密令已行，居人莫觉，即参佐日承警欬，犹有不能尽知者，而欲向行路人问消息，从千里外揣是非乎？昔韩范经略西夏，首以诏中外勿得辄言边事，为请此苦心之言也。"

九月，升本部员外郎。

十二月十二日，车营成，随高阳公入奏方略。抵通州时，逆党新用事，或有言将清君侧者，党讳惧，矫旨促归镇于是。高阳公所忧不仅在辽，而先生所忧亦不仅在辽矣。

五年乙丑 先生五十一岁（1625 年）

自高阳公通州请觐后，触党忌，媚党者遂议减兵省饷以阴挠之。先生移书兵垣曰："年来摇乱边事者，腾虚冒之谤以行减兵之说。噫嘻，十万之师，果可减哉？二三年前事，历历可想，今受其成而迷其故。日云减兵，所当减者何兵？累岁之搜罗，奚足供一日之清汰，特恐兵从此少，事从此多尔。事到无及，而减兵者之肉犹足食否？辽之必宜恢复，非直原有之封疆不可委敌，无辽则不能有蓟，祸遂迫于京畿也。今之持论者，一曰慎重，一曰简汰。夫进取则当慎重，振刷则当简汰，而出于今，则慎重非为进取，简汰非为振刷，总以巧行其阻恢复之计。夫百计而鼓之进，不能当一言之退也。三年而集此众，不能一日之堕也，不征不战，去将去兵，垂成之绪既废，前日之祸复作，辽广溃时，都门光景犹能记忆否？身在事外之朝士，以隔壁之猜而索边人之情，心在事外之边人，以一面之词而迎朝士之意，索边人之情者，遂持边情以为朝论，迎朝士之意者，因借朝论以撼边情，暗刺明讥，此呼彼应，协心力以摇当事者，而榆关之本色尽掩，此可为流涕者也。故恢复为必然之策，而其要在省议论，议论不省，事权不一，虑宋之祸复中于今也。"

二月十五日，祖母王孺人卒。先生闻讣晚且不及会葬，与邑令王中诩书有云："某羁绁行间，不遑问家，并不遑顾其所自生，未得闻先大母之病而祗闻讣，且以遗嘱故，而不得以时闻，从军荡子，君亲两误，尚可视息天地间哉？惟是惠徽先侍御之灵，而屈台旌，价重敝庐，光生荒陇，则愚父子有厚幸尔。"

是时，中外之欲逐高阳公者，不遗余力，值舟师违期，实边人嗾之，而朝士遂因以下石焉。先生答张孟均曰："十年之别，忽接手教，中外矛盾渐不可长，一语已透情事，师相不得行其志年余矣，又不得去，政苦维谷，乃以哨将被陷，故成其去，弟相率归田，感年兄爱我教我，今幸不辱命，所可恨者，从此恢复两字，无人出口，锦绣山河甘送敌人，此忠臣义士所以负戟而长叹也。"既又与赵明吾曰："师相自不趋朝，不佞亦必不回部，点检书剑，相率归田尔。三年来，事体之曲折，人情之苦乐，何堪回首。本期麾下渡河而东，遂痛欲饮黄龙之愿，事乃至此。今虽同师相归田，梦魂犹日绕黑水白山，与前部将军相周旋也。所手额而祝者，代师相之人果肯不改师相之臣与师相之政，使河东终归版图，则不佞与师相，虽归犹未归也。

四月，先生同杜武库以积病沈绵，具呈阁部，乞代题略云："曩当敌氛甚恶之日，食焉不敢避难，遑自揣其无才，今值兵政简汰之时，引分当自议裁，况复重以有病，无事而食之名，任留远塞，一息尚存之骨，求归旧山。"

十月，阁部代题，奉旨该部知道。

十一月，吏部题覆，回部供职。先生具呈乞题略云："驰骋四载，病因积劳而成，气血两伤，又因久耽而剧。"堂劄趣赴部，先生具呈再乞，代题略云："职禀素弱，职性好强，苟可支持，耻言疾病，而劳从此积，病从此深，及病剧而就医，已势重而难返，如不得就医家山，一意调理，则玉门枉称生入耳。"

六年丙寅 先生五十二岁（1626 年）

正月十八日，堂劄再趣赴部。

三月二十一日，堂劄复以先生升武选司郎中，趣兼程赴新任。先生具呈三乞代题，略云："四年戎马，原非避难之人，百病侵寻，岂作无情之语？药裹日以栖身，何堪问职掌？蹒跚不能出户，何以趋朝参事？至今日职不去此官，则有系之心情，祇以益病，即台台俯宽之时日，从以重某罪而无益于残喘之万一也。"

先生抵里门后，教授生徒如待放时，而门人日益进。

先是乙丑秋，左、魏罹党祸，魏忠节子学洢、周忠介书至江村。时先生在辽，太公为之下榻，启泰先生亦来会，谋两公下狱事，冀所以缓须臾者，后学洢欲入京侦父。启泰先生兄启运，变姓名与俱，探知坐左公赃二万，魏公赃五千，太公冒炎蒸，策蹇数百里，内酬金于好义者，莫不响应，而两公已毙仗下。至是周公又被逮，周公乡人朱完天为护行，先驰至江村，适先生方辞武选里居，向为左、魏谋者，无可中即一意酬金为完赃计，周公贫同左、魏，而缇骑至吴门，民大哄，杀一校，更不可计生。先生与启泰先生为措三百金，而范吏部景文时谢政，先生乃赍书商之，令朱生持往，简末云："未知肝胆向谁是，令人却忆平原君。"范公遂捐二百金，及赍至，周公亦毙仗下。呜呼，逆党之势，炙手熏天，逻卒遍天下，而江村距都门二百里尔。人为先生父子危，而先生父子不之危，而亦卒不危，岂非天哉？

七年丁卯 先生五十三岁（1627 年）

三月，答王公永吉有云："杜生昆季，并辱国士之知，居恒摩厉，惧玷门墙，区区病未即死，强颜其间，时出冷语訾之。盖先生桃李，诸杜为良，而君异尤以文行著。

答毕公自肃有云："病废之人，百念俱销。自谓清江一曲，隔断红尘，而应门剥啄，云从塞外来，则不觉动旧游之感，手捧八行，面谈千里，尤触故人之怀，关外城堡，坚完自足，凭恃为守为屯，渐推渐广，今幸大君子在行间，必与当事者算定前后着，以贻社稷之安也。

八月，思庙御极，诛逆党，起升先生尚宝寺卿。

思宗崇祯元年戊辰 先生五十四岁（1628 年）

正月，与耿公如杞书云："大名自经圣问，而人心之夜气乍回，国家之元气复苏，此见圣主转旋乾坤手段。盖向来人心尽死，遂令国脉难言，而重阴积蔽之余，非得圣主大作用以为宣提，何以挽阳和于一线乎？然宣提之权赖圣主，鼓畅之用赖廷臣，而顺风之呼则不属悠悠泛泛者，而专有所属。当是时，惟自保其不随人之节，事势所底，乃全操其胜，非角一人之胜也，为国家元气所赖，而完圣主问揖客姓名一段心也。"

与王公翼圣书云："李道长有疏参满桂、马世龙。旨下部，而马有勘处二字。夫当壬戌春夏，何等风鹤，孙公拔马帅于稠人中，授以重任，经营关外，恢复四百余里，使山海在重关内，不以敌遗君父忧，有人心者所共知也，即不叙其功亦已矣，而复诬以罪耶？李疏语意，从喻安性刘永基来。盖喻坚持关外不可做之说以挠恢复，而刘其所昵也。因以难马帅者难孙公，从前踪迹，久著耳目，而李道长与刘称厚交，即其疏荐喻意自可见。今日之疏，亦不徒难马帅，仍在孙公也。夫当国势岌岌，人无固志，时有人出万死不顾一生之计，以身塞敌骑之冲，宗社获安，率土受赐。及事略定而各恣事外之口，为宵人快报复之私，一倡群和，岁于吠声，此英雄所以负载长叹也。然所望持公论而服人心，洗前冤，责后效，全在中枢之主持。曩赵率教被督师重劾，竟赖部覆得免，则今日之事在台，台必有善为之解者，非从马帅起见，亦非止从孙公起见，直从国家起见尔。

是冬，赴尚宝任奉檄逾年，而恋恋家山，依太公膝下，庶几难进易退之风与。

二年己巳 先生五十五岁（1629 年）

是年，升太常寺少卿，管光禄寺寺丞事。

奉委督放白粮，见各仓圮坏，而麻连之赏为无当也，有《汰麻连议》，略云："仓中实有必需之费，不及今借箸，终无从出之原，额外原有不必市之恩，不自己任怨，终无停止之日。"又圮仓中，有所谓张北仓者，内散堆土米八百三十五石。先生同署官穷日之力，盘人空仓，有《处土米议》，略云："盘过土米，虽有变卖之议而估计无期，恐仍停阁，今皆嫌贱售不肯担，终必并贱价不可得，冒嫌冒险以出，求佐公家之用者，不可仍旧放下，终归无用也。"由是二万七千八百二十条之麻连，准价银三百三十三两八钱，向滥于各役者。与夫八百三十五石之土米，几化为泥沙者，皆出而待正项支销矣。先生物望赫然，犹仆仆于吏事如此，所谓此日此时此事，求一个此心过得去者，非耶？

序《同难录》，略云："今上御极，手歼大憝，九鼎晏然。因追赠惨死诸臣，已复概照赠衔，给与三代诰命，盖旷典也，诸孤遂各述其先人受祸受恩始末，名《同难录》，征弁言于余，思诸臣受祸之惨，振、瑾时所未有。圣天子恩命煌煌，令人晓然于为臣尽节。受非常之祸者，朝廷自有非常之报，既以慰死，兼以劝生，嗟嗟使论忠者必不论报。是为忠臣者，必生既备受荼毒，死复备受萧条，天日空惨，丘垅无光，而后为尽己忠，而后为朝廷之所以成人忠，则忠义一路祗为齑粉，肤发寂寞，祖父之具已尔。夫忠义固在天性，其萌甚微，利害当前，立丧所守，况生死乎？所以嘘之使动，养之使长，全在君天下者。故曰养天下而享天下之谓君，然不因丧之者之毒深，无以见养之者之功大，前此善恶倒、宇宙晦，缙绅丧节，亘古所无，至钦定逆案，凛然天讨，而三代诰命之给，即在此时，然后知圣主善善恶恶，不为众淆如此，肯持忠不望报之论，使为恶者毕竟得利，为善者毕竟不利耶？余按是录，宴诸孤而与谋，皇上既有以报诸臣，诸孤能不为先人报皇上？今而后并期自励，无堕家声，乃即所以报君恩于万一也。"请左、魏诸公子有云："青旗取义，尚云洒不雷同。白首论心，自谓交非泛滥，问是何人之子第，窃比授餐，思寻先辈之风流，敢为折简，朋从类聚，座拟合围"。

冬，兵阑入，逼都城，掠畿以南。先生昌言于朝，非急召高阳出马世龙于狱，无可办敌者。于是有《城守议》，略云："京兵素未见敌，立营城外，恐以遗敌，根本重地，先以守为主，而列兵城上，每跺用几人，当计也。大小炮火药铅子用几何，当计也。敌临城远近施放火器，用何号令，当计也。施放之法若何，措置乃可伤彼而免自伤，当计也。守城者何以不寒不饥，何以不疲劳而乐为用，当计也。火器何以更番，何以不忙于装放药线，何以善藏，当计也。此在城上者也。而城下何以供应，使有序而不穷，城中何以弹压，使安静而不乱，皆当计也。马作何喂养，兵作何挑选，如何屯扎以销内变，如何摩厉以备出奇，皆当计也。严禁讹言，专听号令，喧哗者军法从事，则人心专，人力齐，守无不固，战在其中矣，而号令更必出于一，多指乱视，军所大忌，贵近耳目之臣，各怀忠义，祗可协助力量，不可分挠事权。守御之事，一责之兵，号令之权，一责之将，天下事各寻在行之人做之，听其指授。一切建异议创新题者，皆当报罢，而后事可为也。己巳之变，出石亨、杨洪于狱总京兵。庚戌之变，有边将徐仁、戴纶使之立功，此国朝故事，今无罪之马世龙不可仿此例出之使一调度乎？"士大夫信而和之，上乃召还高阳、世龙，脱桎梏，秉将篆，卒复四城，先生功第一。

三年庚午　先生五十六岁（1630 年）

先生素有积痰，至是春而剧，因时当戒严，耻言请告。迄夏初不愈，具疏乞归调理，略云："当戒严之时，无病而谬言病，谓之避难，固非忠臣之所以事君。嫌避难之迹，有病而不言病，谓之贪荣，亦非志士之所以自处。"奉旨鹿善继素著清勤，起用未久，何得辄以病请？着即出供职，不准辞。迨秋深未痊，乃再疏乞休，略云："即圣明不欲废臣，冀收溲渤之用，而臣卫生无术，自成废人，且苦久病，不能任官，复念旷官，还能增病。"辞甚恳切，允之。

九月，先生归里，于是有临河而叹，退修六经之志。因是号曰"江村渔隐"。

答姚公希孟书云："有客叩柴门，其貌淳古，似全未雕琢者。询知为朱完天之子，相视怆然，为设鸡黍，逡巡出手书并佳刻，生气掩映，草庐改色，至完天以一青矜，随忠介俎豆孔庙。人固在自立哉，大札所指，动关军国，林居人不敢知，亦不敢问，蹒跚之影，时复自笑，即借庇或有痊时，九死余生，得还子舍，断无再许驰驱之理，纵有问及者，希为解之。太平公等在，容病夫称鹿门隐，其位大矣。"

四年辛未　先生五十七岁（1631 年）

是年，先生病渐愈，教授如再归时，门人大进。先生诲人不倦，自登仕版后，在朝在野，此心未尝一日忘。至是，绝意仕进，因纂《寻乐大旨》一书，以授学者，略云："周茂叔语两程寻孔颜乐处。乐者，生人之趣，如其不乐，为圣贤何益？而其乐处，岂没主意的放旷？原有人手着脚的生活，这个生活有端倪，无文字。端倪无可名，强名之曰性，以天地万物为一体，喜怒哀乐为发窍，而操功于慎独，此外无道，此外无教。性无可名，强名之曰仁，仁一体，万物而以孝弟为先，仁义礼智乐，其实总在孝弟，乐是乐此学，学是学此乐，孔子自谓好学，学之时，义大矣哉，而学未易言也，学无着落，必堕玄虚，无把柄，必堕支离，尝为之言曰，着落在万物，把柄在一心，识得把柄，才好下手。大丈夫举头天外，此心此理皆同为圣为贤，在我至诚，自能尽性。其次尽可致曲，每叹真性，苦被作害看，看殆尽可泣也，尤可惧也，心既放，怎得不求所以有学有问？遍天下学问，只是谋求富贵，不谋求良心。真性不得出头，世道丧矣。苦海无边，回头宜早，认得我时，不必寻孔颜乐处，原学孔子的，已先寻着乐处，然不愤不乐，不乐不休，切勿以虚见承当。"娓娓数千言，举圣贤全体大用和盘托出矣。

与诸生谈业，诗云："吾徒功力近何如，争肯泥荃便当鱼。摇笔已欣灯取影，会心还望水成渠。试从慧眼穷诸相，总是浮云过太虚。不借轮扁明点破，谁知枉读圣人书。"

谈经闲咏云："种种颠毛拥绛纱，风生尘尾大非夸。传经自信经无字，授笔人称笔有花。从古原推豪杰士，只今谁是大方家。天空倚仗看云汉，言念穷源欲借荐。"

五年壬申 先生五十八岁（1632年）

是年，启泰先生命其子立雅，偕伯叔昆弟来从先生学。

正月二十五日，高阳公七十初度，先生为文以祝之，略云："寿跻古稀，乡人士共修华祝，以某从游久，推令执爵，不能辞。"手滧三爵，先举一以进曰："五福先寿，而寿随人为量。古称寿国，又称寿民。壬戌春，虏帐抵关，非先生督师，谁折八里铺筑城之议，而以车营十二，恢辽土四百里者？己巳之变骤起，先生于家东便门之出，慷慨一时，涕泣千古。试思，惊疑之辽帅，岂容易来？盘踞之敌人，岂容易去？先生功在社稷，即国家所以待功臣者不敢知，而二祖列宗，实式临之，国祚民生，藉衍无穷，敢以为先生寿。"再举以进曰："为国为民，儒者素志，而功德与寿享参焉。先生身为元老，未得一日安于纶扉，专从秦月汉关，分社稷之忧，其身系安危，无异汾阳晋公。然穷奢极欲，不以贬郭，凉台燠馆，亦以娱装。先生军中六载，餐沙宿草，寒士所不能堪。而有剑倚天，有囊贮月，师俭数椽。遂题相府，谚云，'减禄增寿'，此语似俚，实谙物理，敢以为先生寿。"三举以进曰："此增彼减，乘除之数，先生岂受范围而无所以自主者。尼父论寿，本之于静。先生自辽见怀，有千古传心，半夜挑灯之句，盖自写静境也。此境实万境皆空，人见先生鼎沸云扰之际，闻命就道，而神不惊，萧萧书剑，穿鸣笳牧马以出，而色不变。任人位置，受人揶揄，而志不堕。抗天下之议，决大计而意不疑。功听人分，罪听人卸，以身殉国，不见知而不悔。夫惊也、变也、堕也、疑且悔也，皆不静之本色，所变现而阴阳之患，易乘以为祟者也。先生超然自胜，悠然自得，原是尝蘖等于啖蔗，何害气之能侵？即治军劳苦，而形劳神不伤，神劳心不伤。故丹经万卷，括于'仁者静之'一言，而百二山河手玉鐔，非先生之蒲团耶。"

是时，为一泉先生作墓志铭，略云："尝按先觉之说而推其义。觉者，沉迷昏聩之余，冷然忽有所觉也。觉不过得其所自有，当其未觉，冥然若无，并以同冥者为觉，惟冥而忽觉，乃知同觉者之皆冥，而登高引臂为顺风之呼。一泉范先生所称，北地之先觉，兴余每入座，相与饭脱粟于茅屋下，圣经当酒，贤传当肴，当世之要务当系竹。丙夜麈尾犹扬也。范阳人士薰其德者，无少长翕然而相亲，洒然皆知有所谓耻。青矜以疏本业、交非类为耻。孝廉以耽声色、嗜请托为耻。仕宦以媚上得官、剥下得钱为耻，皆先生觉之。'学'者，'觉'也。孔门论学，极重改过，觉而不改，终无觉期，不自觉未有能觉人者。先生早年豪宕，不无出入，将刺许，语饯者曰，'今日以后，当另做人'。饯者意或点缀节目，作弹冠振衣之状，而竟斩钢截铁，彻底清也，伟哉！象山先生曰，'他人学问只是泥里洗土块，今须江汉以濯之。'先生有焉。"

十二月十九日，曾孙游生，盖一堂而五世矣。

六年癸酉 先生五十九岁（1633年）

是年，黄适甫集乐，自江右来，从先生学。

作《范抚军却敌记》，略云："己巳冬，敌破马兰，陷遵化，拥兵而南，遂屠良固，复进逼涿。游骑至定兴北五里。是时，下诏征兵，人心惶惶，属目先至者以为命，张鸿功兵由易渡涞，甲仗雄整，未几溃且掠。张国泰兵祖村，遇敌哨，夜退至北河，居民惊散，而范公之兵至。公时抚豫，闻变即趋。在诏旨前，纪律肃然，无敢强取人一物，人指为有莘之师。至定兴，士民具牛酒迎，谓若惧敌乎？咸曰，'公抚我厚，我辈未食，公不先啜一茶，誓杀敌以报，有旨援兵先至者守'。涿公抵涿时，漏下一鼓，数里外，敌骑充斥，乃大发兵北向，比晓，敌舍良乡遁。旋闻败满帅兵，盘踞土城关。公曰，'吾以国难不待诏人援，因敌南下，乃令守涿遏之。今复逼都，入卫天子，吾初心也'。夜渡卢沟接战，斩十六级，生擒二人，获牛马无算，而土城关大营遂东去。余是时，病卧京邸，闻难民自营中出者，言彼谍仓皇，谓范都堂领十万毛兵至矣，人皆长枪，多大铳，敌相顾咋舌，盖以先声夺敌气云。公发保定时，余子化麟迎谒于遂城，与计军事。公一意直前，虽倾囊赡军，虞不继，家大人谋于乡人士，皆各出粟以佐之，其名与数，具公疏中。公之功在社稷，如以区区定邑颂公，适狭。公然赖社稷之安以为安，定与天下所同也，而就定言定，则赖公以存，定所独也。彼时，社稷无恙而良固已焚，定之不为良固续者，伊谁之力与？"

五月，刻《辅仁社草》，先生序之，略云："为制举义者，各言所欲言，独念所操以为题者，何人之言乎？则制举义代圣贤言者也。夫代君父言者，即假便宜，犹以矫制请罪。代圣贤言而公然诬之，得无不可。夫代圣贤言，原代其意以言，得其意，政欲不泥其言。夫子曰，'辞达而已矣'，达意之外无辞也。然夫子往矣，安从问其意？天下有面问而未必得者，夫人之意也。当面背面人心山川，天下有不问而自得者，圣人之意，千载上，千载下，心同理同也。自问其意，遂得圣贤意。因以代圣贤言，一语隔肤，吾自不快。原具之本体，见在之工夫，愈弥广，按弥深。天下文章，莫大乎是，特自问未易言尔。间启其端，谁竟其说？隐隐挈之，悠悠销之，泰宇尘封，霜毫气索矣。愿与吾党服膺为仁由己之旨，以发笔墨之灵。"其序二集，略云"仁"："人心也，文者，心之记籍，不按记籍无以覆实在。而此之为实在，非比他物之有方体。此之为记籍，非比他文之有定在。有方体、有定在，可以一时了当，可以独力担承。无方体、无定在之理，而足己自封，离群索居，不当面迷，则中道废尔。故辅仁必以友，而会友必以文，日与同志，拈圣贤之言，各自体认，互相发明，如居肆之工，不见异物而迁焉，退而仰卧，念此日之非虚过，妻子可封，魂梦亦清，不亦仁在其中乎？即不敢谓千古文人即仁人，求仁人于文人，固其大凡也。"序三集，略云："'富贵'二字，人人膏肓而爱获遮留，不肯反勘，举圣贤吃紧为人至意，于身无毫发相干。其屈首受书，都从古战场生活起见，腐毫穿砚，寂寞元亨，一朝得意，往往奉承躯壳结局，文中之仁安在哉？白鹿洞讲喻义喻利，谓学者于此当辨其志，晦翁服其切中学者隐微之病，刻诸石，勉同志，反身而深察之。夫曩之讲义犹在也，吾党之志曾辨不？吾党之身曾反不？试反身而辨志，其一向所喻者是义不？而所假之品是君子不？则按吾之文而仁在不？"呜呼，先生反复叮咛之意，可谓深切而著明矣。

《与陈中圆书》云："敝邑事，借鼎周旋，危者可安，死者可生，固莫大功德矣。然思前虑后，复求所以消患于未萌，而无穷之功德更大。当今之时，贵衙门为圣天子倚重，其权尊矣。然所以成其尊者，有道焉。祖宗设官分职，其尊卑虽相承而职掌原不相掣。盖地有远近，耳目难周，故各地方事，须各地方人，才知虚实，各地方官，才好着落。从来在京各大衙门，遇事干有司。人在州县者，俱行文饬查，所以防奸而剔弊也。最不宜径提下边人上京，与径差上边人下乡。上京者，身无主矣，下乡者，目无天矣。敝邑只为圣欲提人上京一节，遂劾县令，又为径直差人下乡一节，遂诬愚民为凶党，并劾县令，拒捕之名一坐，兵洗之讹遂生，向非赖菩提手，攀指愈多，惊逃者敢返哉？县令今闭阁，各乡如沸，动称锦衣拿人，欲与支吾，又恐名为拒捕，及束手就缚，乃刀刺火燎，如大牛村之大盗劫财，可愕也，更可惧也。试为贵僚友诵之，亦必有心惊泪下者。吾辈同是一块土上人，当权若不行方便，如入宝山空手回。"

《修桥议》云："定兴巨马为襟，易水为带，两桥并宜速成。南桥视西桥更急，地当孔道故也。近年法制屡更，徒委命于管工之手，为民病者，不止一涉，而涉之病自若，其病总在用少科多，成迟坏早。夫孔道亟需桥梁，而非重大难办之工、隐微难知之数也。长当若何？阔当若何？所用条梢几何？人夫几何？量工命日又几何？岂不灿于指掌？而桥工一起，扰遍各村，处处科派，处处卖放，日日叫嚣，日日迁延。一桥为鼎，而万家之膏血聚而成烹，民滋病矣。然且窄且薄，冬已深而始成者，往往春未至而遽毁，人皆归咎于水手，而不尽然也，别有为之虎者，而水手其伥也。襄陵李公在任时，两桥之费取足于河淤钱粮，桥梢桥椿，俱不以烦里，下水未寒，桥已成，水将涨，桥始撤。所撤梢椿，堆两岸高埠，以待再用，民有愿领者，乾梢一斤，偿湿梢二斤，然不以强也。莱阳宋公因之，西华胡公严为督，桥益坚完，民知有桥之利，而不知有桥之害者，几二十年。淄川毕公以板易梢，作房贮板，所积条梢尽废。洎毕公去，板亦归乌有，房且随之，夫用板费多而难保，不如用梢为便，用梢莫若遵襄陵之法。"

九月十九日雨后，题菊，云："观全节于晚，藏奇正在常。五行金贵秀，万汇菊清香。莲后存周爱，梅前引孟忙。逢秋周甲子，遇酒更重阳。犹喜催花雨，不愁凋叶霜。愧余非靖节，满把意何长。"为社友杜腾江六十一岁称寿也。

七年甲戌 先生六十岁 （1634 年）

是年，先生门人大进，充塞寺宇不能容。鋐同兄弟锐，奉父命受业焉，躬逢其盛。先生谈经，悉归自己身上，论文，悉入作者意中。鋐日闻所未闻，始知圣经贤传皆我注脚也。

三月，高阳公刻《前后督师纪略》，先生为之序，前序略云："少师恺阳先生，以阁臣掌枢，既而阅关，复自督师，前人大坏之局，以身承其后，一接手而天下事实不可知。然使上下中外悯其危而偕为助，即不助而任其自为之，犹为危中之安也，而三年情事为何如？盖振武溃，宁前焚，天下倚命于一墙。惟关之不保是惧。先生无一念不在守关，即无一事不在复辽，而满目荒凉，无可因之绪，再造为难，且人心寒于累败之余，感发未易。先生作用，若远若近，若晦若明，大约不出实实，算竟局之着数虚虚，提全镇之精神二语。朝士恐其以复辽之故，至于不能保关，而屡胆之边人遥为之应，揶揄日至，复有点者，腾虚冒之谤以清饷寓销兵，又属有逆节，交担宫府，不无心忌先生。通州请觐，疑为晋阳之甲，严旨夜出，去不旋踵。是时，先生之危滋甚，而边事不可为矣，承望之白简，日以关门为题。举先生所招集，简练修筑屯防如绣之金汤，如云之师旅，而议汰议撤，复因接难民之役，暗论水师违期而明以哨将之陷逐先生。先生去，而敌人犯宁远，挫之以守，再犯挫之以战，山海宴然在重关之内。先生之以复辽为守关，乃暴功实于天下，而非先生之身履极危，乌能有此？虽然使身之危祇在图安社稷之时，至社稷安而身与俱安，则危犹未危也。惟安社稷之功，既暴于天下，而人心之山川，愈出愈奇，以寸云蔽日，虽水清石见，无损于先生，而当纷纭时，岌岌殆哉。从来重任者重祸之会，大功者大罪之邻，学事君者，欲得其详，先观其略。"后序略云："恺阳先生初督师，抗天下之议，以复辽为守关，再造河西四百里，雾列云屯，十二车营，声灵薄垒，竟以通州请觐，中逆党之忌，逐先生而易置其军。至东兵相继入犯，先生所置战守具，连挫之于宁锦。山海不惊，社稷无恙，人始恍然，知守关莫善于复辽。然所称善者，谓敌从外犯，可恃辽谓屏蔽，岂意变出意外，敌从内犯，竟恃辽为驱除。己巳之变，敌薄京城，列栅不攻，意在坐困。复乘辽帅之惊逸，冀入彀中，跨遵陷永，屈指透关。先生迟一日至关，关且无一人，即有关而敌捣怀中，向所设以外御者，皆失其据，即可据而非背，拥四百里为根脚，并力西向，能以卑薄一墙御之乎？故国事至，辽帅惊逸，已不可言。先生据便宜行事之旨，檄马帅追及南水关外，宣布朝廷威德。遂定入卫之期，而非前督师时。抗天下之议，以复辽土者用辽人，恩威操纵，有以大畏枭雄之心，又乌能于其惊逸走险之时，使就我乞生，乃为我效死乎？说者谓朝廷起先生太急，至不容具辞，事变迫先生更急，至不及瞬目。先生应急若暇，比前督师着更奇，乌能知无一不从前着中来也。先生原以边患起，既腾露布，随乞骸骨，不许，而强益以抚一柄两操之苦，于前督师备尝之，而所置抚，以有所受意，明于先生衡。先生以牍以疏，请避柄于抚，复不省，至有大凌之事。夫柄一，则辨遵永而有余，二则辨大凌而不足，此千古得失之鉴也。然社稷安危系遵永，不系大凌。先生分遵永之功于人，而专大凌之责于己，返其初服，自劳自慰。盖人臣事君，办百事不如办一大事，非系安危不足当大事，得于此处，竭股肱之力，成败利钝，俱可不论。先生前后俱以督师行边，又俱在社稷安危之日，虽人心如面，受尽揶揄，而竟檄社稷之福，转危为安于咄嗟指顾间，先生乐哉。"

启泰先生刻《孝友堂家乘》，先生为之序，略云："余之交启泰深矣，家乘六种中，皆有余笔，盖尝统观之而识。人自有父母，生时肫然一念，是人自具之泰始，不必从黄虞问古道也，因识天下人同有父母，生时肫然一念，是天下人同具之太始，不必按坟典想古风也。同此心之人，每叹人心之不可知，以为古道之不可见于今日，试反之吾心可知否？吾自具之太始曾见否？以按《家乘》，孝友自是至德，而启泰之孝，以廉见难，启泰之廉，以贫见难。仲尼之贤，颜回谓人不堪其忧，此至圣勘人实境。孝廉于世法，尽可不贫，而启泰之贫，又以可不贫见难，办得此难，无所不易。黄侍御鹤岭力荐于朝，请行辟召，固谓孝友之即为政也，而孝友堂岂以穷达加损哉？余只取当人心如面时，犹有此地此人，现父母生时之一念，因使凡生于父母者，各以其生时一念相往来，则太古来尝一日不在目前尔。"

是秋，高阳公题先生《认真草》，略云："伯顺翛然清远，衷贮峨眉姑射。

至其驾驭长财，坚挺大节，招不来，麾不去，真有古大臣之风。当其矫发金花也，署掾环请曰，'非专责，何苦认真？独烦一推署符尔'。余快此语，掾挲天下诿諈不任者。故题伯顺所著十五种书曰《认真草》。夫真起于别应，而认真又起于应之笑真，即如今天下谈兵媒进者应尔。乃若徙铨司，驰塞上，封强敌者三年，习十万兵，携六七大将，行十城，百万中同二三友人，恢四百里封疆，使敌耳帖，徙幕同进者，旋据大位，而身不拾一级，恬如也。将无真呼？其获死忠诸君子，他人危之，伯顺不危，而亦卒不危。即金花，逢上怒，大司农手战落出恚语，伯顺自若，韩稚圭不与人胆乎？余每题伯顺真才真品，伯顺亦称肝胆，患不真。故其众推独任众趋独辞，惟是真肝胆，而所至析利弊极精，酌古今极细，其夜思而旦营之，坐画而立断之，行所见极，决其与正人合，如金如石，极坚且久，口不骋黄马，剧谈即千里，赫蹄率真，手奏其所许与录列若所扶孤减负。洎司农司枢司奉常光禄中所执奏行一意有少利，归官归民，真眠其身，为公家有而不敢私。盖伯顺集不问菀枯，途不辞险易，力不程轻重，任不顾利害，以真心用豪杰之才，气沉而神潜，安得有私？方今日月中天，黎邱不幻，而或不识吾真。余得持《认真草》，此折葚之爱乎？"

九月，刊《认真草》十五种既成，一《金花始末》，一《马房本末》，一《籽粒本末》，一《扶孤始末》，一《篚余》，一《农曹草》，一《粤东盐法》，一《福建盐法》，一《读礼草》，一《待放草》，一《典饷草》，一《枢曹草》，一《榆关草》，一《再归草》，一《奉常草》，不以文类分，而以时地分。此时之遭际，此地之经营，无不列如指掌。善观者，当自得之，又有《无欲斋诗》及《麈谈》二种。

《答马沧渊书》云："贵乡事，谁为之？谁坏之？坏至于不可言而骤以属门下不亦难乎？门下咄嗟指顾间，振积衰之士气，挫长胜之狂锋，古人所称立变旌旗之色者，未必过此。王抚军称门下以恢复辽蓟之功保护桑梓。不佞读之，为门下快心。人臣事主，有此褒称，不枉生夫天地间也。既庆朝家有福，得此长城，而推孙相国，以人事君者，复波及于不佞，区区何敢贪天功耶？"

先是乙卯冬，周忠介自福州以诗扇贻先生，其诗云："一别都门岁岁更，天南天北不胜情。秦关戎马闻时急，闽海风涛见欲惊。意气独留三尺剑，梦魂常到百楼城。浮名显晦非吾事，何日重申松柏盟。相思怀抱向谁开，目断衡阳雁不来。三十功名淹海国，百年心事吊荒台。壮怀已觉愁中尽，薄鬓偏从病里催。世路行藏须努力，月明北望转徘徊。"已而失去，其家稿又自焚于被难时。先生每言之，不胜千秋之感。至是从马公洁腹笥中得之。先生喜而有诗云："忠介遗诗何处寻，每于凭吊费沉吟。谁令乱后文无害，偶借闲中客有心。延水不殊重合剑，广陵犹是未亡琴。骚坛漫自传诗话，此夜新添掷地金。"同人和之，因题曰《寻声谱》。

十月十三日，为先生六十初度。门人张于度辈，谒高阳公，求文以祝之。高阳公因历述先生父子祖孙懿行而括之曰："举家贪于为善。"先生在关时，将佐有以馈遗尝者，痛绝之至，形诸榜示，或辇而致之家。太公复峻拒，后解元之关门省视，未抵关而迎候者接踵，又悉却之，于是翕然共颂济美，为当世所无。盖一节而全体具，故云其所为文，大抵发明耳顺之义。谓耳顺根于知天命，真意淋漓，可称传神写照。

八年乙亥 先生六十一岁（1635年）

正月，先生之高阳祝少师，恺阳先生有诗云："间阔龙门已数春，相逢犹是旧精神。闲情隐约安危意，和气氤氲社稷身。钟鼎功成心独苦，乾坤眼到品谁真。寿觞此日推先举，还待当年入幕宾。"

是夏，刊《说约》，先生自引其端，略云："孟子曰，'博学而详说，将以反说约也'。夫使博约可分为两项，则不约自无害，为博又何必约？故，约者，约其博也。约其博者，博原自约出也。圣贤有成法，事理有当然，好古敏求，恶得废博？而圣贤成法皆出于活法，成法其当然，活法其所以然，如不得其所以然，则成法皆死法，且以博学而成畔。《中庸》论天之所以为天，文王之所以为文，所以云者，约之义也。博有文，约无文，博有字，约无字，圣贤欲传其无文无字者，不得不借之有文有字。学者就其有文有字者，以求其所无文无字。故圣贤往而圣贤之心至今在，特患不反求尔。说约而曰反者，反其所自始。千载上，千载下，此心同，此理同也。孟子之说本于孔子，孔子曰，'博学于文，约之以礼'。礼者，理也，心外无理，是所以约之也。孔子以博文约礼铸颜渊，亦就颜渊自有之理铸之。故曰，'博我以文，约我以礼'。颜之认我，即孟子之所谓反也。吾惧学者不味反之义而止以论说当之，则不约滋甚。夫读圣贤书而不反求之心，延平所比之于玩物丧志者，可汗人背也。即云反求之心，而一切着落不以身实践之，徒以天倪之，顿见虚为承当。阳明所称将本体只作一番光景玩弄者，更可汗人背也。故反约之道无他，于圣贤之言随其所指，居上为下，在邦在家，利害死生，辞受去就，无不提本来之心，按当下之身，一一质对，如涉水者之浅深自酌，如饮水者之冷暖自知，决不敢以实未了然之心，含糊归依，尤不敢以实未凑泊之身将就冒认，则圣经贤传总会归于无言之地，不求约而约在焉。颜子复礼其目，在视听言动，约之实际固如此。"又有诗以纪之云："说约何来苦欲镌，约从说觅已纷然。支离更烈秦人火，奇僻尤深扬子玄。饮水凭谁知冷暖，传灯枉目论机缘。澄心默效延平坐，体认原于未发前。"然则先生之行在《认真草》，而先生之学在《说约》。行与学果可歧视之也耶？

　　邑人公举名宦乡贤者四，侍御公与焉。先生致书邑令钟晓开云："意草堂籍宠时，因询及北祠堂祭章，遂陈敝邑之阙典，有真名宦一，真乡贤三，而俱未入祀，随致道待人行之意。荷蒙当下首肯，今果然矣。先大父既膺熹庙追旌，范马两公所治之地，俱入名宦。胡芳宇父母专祠致祭，已踰二十年，理无疑于从祀。曩惟不及时举行，日积久，人积多，悬久定之论，晦斯文之色，而待今兹之发明于一旦，划然天开也，道待人行，信哉。"

　　序张公凤翔《石蕊集》，略云："江村渔隐，得《石蕊集》，反复读之。喟然叹斯文之有在也。孔子去文王远矣，而曰文不在兹乎。兹指吾心。文王之所以为文也，文王之心至今在，而斯文于今，不知其何在。有所以夺之，使不在也。盖心而在焉，随其所居之位，或上或下，所值之世，或治或乱，皆有经常不易之道，因分自尽，所以夺之使不在，而视当尽为不必尽，且假似尽之迹，以文其不尽者，总不过利害两端，而死生其大焉者也。孔子论君子不去仁，造次必于是，颠沛必于是。志士仁人，无求生以害仁，有杀身以成仁。生不生事小，仁不仁事大，学不透死生关，终不足语。在兹之文，然非履死生之际，则其了死生者，不独人疑，而己亦未信。到得了死生于死生之地，其精神境界较未履其地之前必自别。盖刮磨不尽，本体不莹，而论刮磨于有气骨之豪杰，不极之死生之地，终不得尽。孔子论斯文而独承文王，文王之《易》，演于羑里，则文王之所以为文，受羑里之益为不浅。先生既蒙君恩，集家庆矣，其作圣之功，必别有天地，无言自勘，视未演《易》时，浅深为何如。敢效集中高唱，勉押三章。万法枉分别，只须一念切。大地耀光明，无非羑里月。无别亦有别，强切更不切。火中不开莲，水底空捞月。千秋月无别，见有切不切。人是死中生，景非水中月。"

　　先生每至秋冬之际，辄喜夜坐论文，因而论学尝曰："天与我一点灵根，是人之所以为人，而即天之所以为天也。天之所覆，亦无不覆。地之所载，亦无不载，故曰万物一体。自其形体也，谓之天。主宰也，谓之帝。流行也，谓之命。赋于人，谓之性。主于身，谓之心。一而已矣。此一点灵根，是合下生成，历劫不化底。虽当剥蚀之后，一提便醒，人能于知痛知痒时识其端倪，便觉鱼鸟皆亲，当时离地三尺。"

　　又曰："学字原有正经注脚，《大学》之道是也。以明德为头脑，以天下国家为着落，以诚意为把柄。诚意只是慎独，此外无学也。《中庸》天命之性，即明德也。天地万物，即天下国家也，而戒慎恐惧，同此慎独。孔子之所谓学，即子思之所谓教也。《论语》动言仁即性也，即德也。《孟子》动言心即性也，即德也，说德说性，说天命，不似说心更易醒人，而又恐人据当下人之心以为心，故又曰良心，又曰本心。本心乃性也、乃德也。故虞廷不能不以人心为心，而必曰道心。正见人之所以为心，多非本心，须用精一，乃执厥中。精一何处用？所谓慎独也。故闻见莫非学，而不实用慎独之功，则考究记诵，延平以为玩物丧志，谓其于本心，实际无干也。"

又曰："身处天下国家之中，与相感应。心当物感时，便起一意以应之。其应之或欺或慊，瞒不过自己，所谓知也。致知者，随其物之感，而实依本然之知以应之，使物无不妥，所谓知之明，处之当也。自其在物上应底曲当，谓之格物。自其径行了所知，谓之致知。自其不欺了初念，谓之诚意。自其还复了本体，谓之正心。故四者偶举其一，而一时俱到也。

又曰："人自生后，被忧、悔、惧三般困倒，落得个穷也戚戚，达也戚戚，苦海无边，回首宜早，就世出世，名教中自有乐地。周茂叔教两程寻孔颜乐处，所乐何事？正是洙泗嫡传。无欲故静，是拨开群阴，扶起孤阳的本领，在世界上讨着落，而非逃之虚也。乐从苦中生，莫落俗尘，尤忌玄径。"

又曰："除了接人处事，何处讨本性着落？除了戒惧慎独，何处讨复性工夫？四子书中，总发此理。"

又曰："学不在人伦上讨实际，要学作什么用？学者须要输心拼死，向这上面求足色，才不枉称学生二字。孔庙从祀，该用古来忠臣孝子，才接得这条脉。"

先生尝自叙其学，谓既读《传习录》后，发志愿担起这担子，力破流俗，一点一画，丝毫不敢假借。既见信于天下，然后渐渐宽绰将来。到如今，事到跟前，亦不大费安排了。盖先生终身学力，在于慎独。精神无一时不内敛，眼光无一时不内照，其纯亦不已与日俱新者乎？

九年丙子 先生六十二岁（1636年）

正月，偕启泰先生之高阳祝恺阳。先生有诗云："入座春风娱景明，年年此日祝先生。四边有使询安否，九鼎于身繁重轻。且向江湖藏剑影，闲从兰玉听书声。也知绿野膺全福，望治苍生另有情。"

三月，鈜与兄锐，应童子试。鈜以一名，兄锐以六名，并入学。先生赐聊云，"学海津梁推独步，词坛鞭弭让连枝。志喜也。"

五月，《与陈中园书》云："夏来，与诸友讲业槐亭，人谓萧然尘外。弟曰，出尘在心不在境。京尘中自有出尘人，则髯僧是。粤公咏菊，见寄其意深矣，何敢当？不揣以咏梅答之。惟转致梅花，咏云，'江南春信至，把玩有余情。桃李推先辈，竹松让主盟。素姿偏傲雪，别味更调羹。济水谁能食，知音想晏婴'。"

先生著《黄帝铸鼎说》，略云："世俗欲宠异圣神，而不以其道谈黄帝者，始于擒蚩尤，而终以铸鼎骑龙之事。夫谓蚩尤能云雾，帝擒之于涿鹿，事亦神异，而犹在六合以内也。鼎成而龙迎，则六合以外矣，六合以外，存而不论，胡五峰斥为妖妄，宜矣。然既为妖妄，则宁直不论，并当不存，何鼎湖弓剑，犹在笔舌也？天地间有事有理，理与事无两体，而善言理者托诸象。《易》之妙旨，全在象。象不奇怪则义不现，蒙庄内外，概皆寓言，荒唐恣肆，无非常理。吾不谓皇帝不铸鼎，吾不谓黄帝不乘龙，特由其象而推其义，则所谓鼎，岂真首山铜荆山铸？所谓龙，岂真有髯可垂，复可拔哉？黄帝之世，去洪荒未远，既平寇乱，始立制度，披山通道，未尝宁居，此鼎之规模宏远矣。易穴居以宫室，易结绳以文字，易皮革以章服，此鼎之取精何多，用物何弘也！而和气氤氲，民生乐业，凤巢麟游，孰不仰龙德变化耶？故天子之鼎与士庶异。士庶之鼎，以五金为质，两其耳、三其足、火候到、成色纯，鼎成而五味可调。天子之鼎，以万物为质、二气为耳、三才为足、文武为火候、太和为成色，鼎成而万世永赖。居此位自宜铸此鼎，有此鼎不患无此龙，鼎而无益于民生，赝鼎也。龙而无关于主德，画龙也。则黄帝之鼎，非万世所共染指之鼎？黄帝之龙，非万世所共仰攀之龙耶？此义不明，而鼎成龙至之说遂为方士所附会，令人望彩霞而生结，揽鼎湖一区以乌号起波。夫使天子之鼎而祇以此见奇，白日升天，何益于事？此陈希夷之所以对宰执者，知宰执可知天子矣。故以鼎成龙至为实事，欲宠异神圣而实卑之，知其为寓言，则有熊氏之本色，与天无极矣。要而论之，执寓言为实事，三皇五帝之史，可存者有几？女娲氏不补天乎？天非人可补，尤非石可补，此何待言？而裁成万物，辅相天地之义何居？则补之为言，即赞化育所不及，而石名五色，取义于五行甚明也。炼石可以补天，铸鼎可以乘龙，得其义者，自可不疑于其象。且谓非是象不足以见是义，安得以为六合外存而不论哉？大哉黄帝！继羲农而开尧舜，实以六相共铸此鼎也。尧舜亲贤为务，固是嫡传，人主之职，原在论相，世主横襟，谈铸鼎之烈而不得调鼎之人，或误以尝鼎之人任调鼎之事，至折足覆𫗧，犹侈然以攀鳞附翼自命也。天下岂患无六相哉？在以黄帝之论相者论之尔。"

由论时人谓之勋格，略云："唐改《世族志》为《姓氏录》，媚武氏也。志成于太宗，升降去取，史称允当，正为其贵士流耳。许敬宗改之，而以官品为次第，至有军功之士，卒得预士流，意为媚武氏，而不尽于媚武氏，盖受意于武氏而为之者也。武氏即藉敬宗之力以立，而心知为士论所不与，又明知士流为天下之所荣。《氏族》一志，清浊迥分，即中材之人读之亦兴为士之想。士也者，行己有耻，希贤希圣之谓也。希贤圣自不爱富贵，人至于不爱富贵，则朝廷无所施其笼络，士论日清，士论之所不容者必危。武氏中夜彷徨，而以为深仇者，莫若士流。仇之，则思有以除之，而其流隐然，系人论之重，又不可以独力胜，莫若合天下不士之流以抗之，显抗于外，胜负之数，犹未易分，莫若合清浊为一流以混之，而以富贵提衡于其间。夫无恒产，有恒心，非士不能。然挟士之实者不多，而欲猎士之名者不少。其所徘徊于富贵之旁而不敢就者，正为士流尔。今富贵之外无士，不得辞富贵，而朝廷之所以提衡者，乃有权矣。故《氏族志》一改而天下之耳目改，天下之心亦改，唐之宗社亦随以改。武氏他日纯以富贵收天下躁进之士，而复以刀锯待其敢自外者，天下糜然不复知有羞耻事，举世无一士，而武氏遂终其身，无纤芥之患，其作用之微权，已逗于《氏族志》之一改。故曰敬宗受意于武氏而为之者也。改士流者，改唐社之先着也。虽然唐社诚改矣，士流果遂改耶？未也。史臣之言曰，'时人谓之勋格，反复言外之意，似荣似辱，若庄若谑，则士论自在焉'。天子之尊为其能改物也，而官不官物也。士不士非物也，天子之权，能使贫者立富，贱者立贵，能使徘优拖青紫，能使厮隶为公卿，能使宦寺踞台鼎，而不能使不士者为士，何也？他物可改，而士类不可改，此之为物，根于天命，窍于人心，冷然于世，故物情之外从尧舜赐氏族，向孔孟定品级，而非从朝廷受除目者也。即明明在上，亦惟藉士论以重除书，非敢谓士以除书重也，谁谓士流可徼天子之命得预哉？纪僧真请于其主曰：'臣出自武吏，阶荣至此，无所复须，唯就陛下乞作士大夫。'其主不自命，使诣江谢。纪甫登榻，江已移床，丧气而退，晓然曰：'士大夫固非天子所命。'此得预不得预之说也，下上十秋，影槎接踵，人主自为社稷计，即操改物之权政，欲留此不可改之一流以培元气，而士流自为计，尤当坚其不受，改之一念以障狂澜。当僧真奉命而诣，天子固以试江谢，使江谢有必保其富贵之一念，前席不暇而移床哉，僧真气丧而其主亦意阻。至今读移吾床远客一语，壁立千寻，凤翔万仞，天下岂少纪僧真之徒哉？唯患士大夫非江谢尔，不江不谢，则许敬宗而已矣。"

六月，铉兄弟方毕入学事，负笈往，日侧讲堂，闻所未闻。至七月上旬，围人不戒，兵阑入。十一日，铉父召铉兄弟归，先生始知有变，忧形于色。既而邑绅造先生庐，请入城为守御计。先生曰："年来中原士大夫非望风而走，则髡发以降，某实耻之。"于是别太公，即偕诸绅共车去，未尝入与家人语。顾邑令病危，百事无备。先生书夜拮据，倡以勇敢。十九日，铉谒先生于察院听事。先生坐少东，二三老吏罗立。先生据簿执笔，俯首挥不辍。诸绅充溢两旁，博言者博，奕者言奕而已，未有一人伺先生所为者。呜呼！既拉之同舟，而不复与之同心，亦独何哉？先生部署方定，而兵薄城下矣，时二十二日也。先生曩所讨论于辽左者，无不思试之于今。相持至二十七日，敌肉薄环攻，城陷，先生死之。呜呼！先生之学于斯益见矣。居恒尝语启泰先生曰："我辈学问须打破死生关头，才能无入不自得。"则先生之谈笑入城，城陷而死，殆其日用常行乎？人或有疑先生可以无死者。夫先生非守土之官，固无死法，而先生当城亡之会，亦无生法，何也？城既破矣，除匿窦井外，则跪而乞髡而降耳。先生平生做人，一点一画未有丝毫假借，顾当颠沛而不于是，偷生苟免以与庸众者伍，何以为？先生生不生事小，仁不仁事大，尝于序《石蕊》而言之矣。所可悲者，向也樽俎之间，制敌国之命有余，今则毕智竭力守一邑而不足，岂时事之不同耶？然则果谁坏我长城而贻之戚耶？是时，启泰先生在容城，解元奉太公往依焉，鋐举家附之。八月一日黎明，容城被攻甚急。晡时，传定兴失守，其夜，解元缒城奔视，鋐兄锐随之。比至，从一泉先生子怀洙，得先生遇害状，遣使驰报太公，太公闻而义之，援笔为谕曰："尔父求仁得仁，死亦何恨尔？不必作儿女子态也。"太公其明于大义者哉。

九月二十一日，礼科王公正志，疏其忠义，以闻奉旨该抚，按查议具奏。

十月，长孙尽心举顺天乡试，人谓盖有天道焉。

十一月三日，解元奉先生丧归诸江村里第，高阳公抚棺长恸，祭以文，复哭以诗六十四首，其文略云："呜呼！公死矣，公不任兵而死兵矣，公不任城而死城矣，死何独公也？呜呼！师武臣不战当死，大吏拥兵不战当死，大司马奉上命不战当死，而公独死，州邑陷，有望而去不死，发而遄不死，髡而降不死，泥首乞怜不死，而公独死，公何独死也？呜呼！人心之离合，关天下之安危，试问一城之中，士大夫几人？生几人？死几人？生何以生？死何以死？以生死之寡多，验离合之大数，即绸缪亦可寒心。况仓襄曾不满志。呜呼！公安得不独死，死安得不独公也？呜呼！稚圭之胆，运豪杰之才，武乡之心，竭股肱之力，何渠不可用世，而以公独死乎？以死独公乎？予方拟公以其生，起天下之死，而公先以一死，回天下之生。予既为公之死而悲天下，宁无为天下之不死而悲公。呜呼！公真死矣，痛哉。予为天下哭公，而宁哭吾私痛哉。"其时序略云："予既知伯顺在城而闻城陷，曰，'噫，伯顺死矣。噫，天乎死伯顺矣'。世人利害之属，有穷通得丧，有毁誉成亏，至死生而极。予向固知伯顺之一穷通，齐得丧，忘毁誉，浑成亏也。今乃亲觇其不二死生矣。悲夫！全师议成，重兵不战，乃起患何人？当患何人？居平不以人料备，而乱成乃畀之其人，仓卒以责其成，而又百掣其肘，纤儿旁睨，不乐其成而幸其死，伯顺其一也。"乃随笔为章，有哭伯顺诗，同心之言，字字泪下。

十二月二日，刑部郎胡公向化，复疏其忠义以闻，奉旨抚按，查明速奏该部知道。

是月十二日，葬先生于侍御公墓侧。四方会葬者几千人，及门士泰山梁木之感，扶枢而哭，皆失声。远近来观者，莫不交涕。营葬毕，解元匍匐诣京师。至丁丑二月十五日，上疏请恤，略云："臣父起家进士，筮仕农曹，矫发金花被谪。光庙赐还，复入枢部。天启间赞辅臣幕，画于山海，忤逆党归，荷蒙皇上龙飞，起升尚宝寺卿，寻升太常寺少卿。臣父方图报称，旋以病请回籍村居，去城三十里，奉亲课子，不入城市。忽圉人不戒，边幕指畿南。臣父念邑当涿南保北，当如睢阳之障江淮，且年来多故，忠义风微，逋免凭降，人心尽死，非不知孤城难守，老亲当念，诚不忍桑梓迫存亡之会，朝廷无仗义之臣。臣父入邑时，祸既剥肤，人咸惊骨，土壤初完，隍池正涸，乌合未练，枵腹不果，兼以邑令婴疾，而机事奏成于令幕，军法不振于乡绅，口威不威，口惠不惠，亦既鞠躬，终遭掣肘。此时臣父孤愤难伸，惟誓此身与城存亡而已。二十二日，众已魂摇，敌且肉薄，或数十骑狙伺，或数百骑猛发，或连日六七攻，或连攻六七次，所幸众炮齐发，六骡同遐无何。二十七日，乘破遂之余，合屯涿之众，势如风催，箭如雨注。臣父亲守南门，鼓励各面，自辰至未，敌矢几绝。忽有从东北隅上者，一隅惊溃，大势不支，臣父端坐南门，敌至，提刀索衣，臣父啮指大骂，敌怒，狠砍三刀，臣父骂不绝声，复射一箭死。臣父四载榆关，敌所素慑，一闻其名，即并力合攻，势在必下。臣父以未练之卒，不料之备，独坚必死之心，众万无生之气，捧一撮以塞惊波，借杯水而扑狂焰，以投闲之吏为朝廷，以抱病之身为乡里，力竭城摧，人亡家破。臣父以散地空拳，抗两城合力之锋，而以忠死义，与关臣王肇坤之乘骢拥旄，力屈死官，其忠则同，而臣父更苦，假令城尽臣父之热肠，一隅可保。假令人尽臣父之忠胆，九塞可宁。是臣父为一城死义为小，为天下大义死忠为大也。"旨下所司议，解元遂以郁瘁卒于脑后，人称其孝，而恤典之隆，则未及目睹，伤哉。十一月抚按勘明奏闻，大约据本县申文以请，奉旨该部复议具奏，其申文云："卑县访之士民，具称边警初闻，在城乡绅为守城计，有原任太常寺少卿鹿善继，学希贤希圣，心起经论。昔从枢辅榆关四载，恢复五城七十二堡，借筹居多，则兵事其所素谙，于是众议，请入城中，共图守御。本官慨然命驾，即于七月十三日入城，急为部署，括城内民夫，分汛守垛，不足则兼以乡民之近城者，提忠义二字鼓励人心，每夜亲巡周垛，抚循慰犒。然无米之炊，巧妇所难，况乡绅手无事权，易生掣肘乎！规模方定而敌至矣。二十二日，薄城下，急发火炮击之，暂却去。自是或数十骑，或数百骑，日来攻扰，城上奋力射打，敌救死扶伤，且有弃去驼载者。二十七日，乘破安肃之势，更合数千骑，拥云梯十余架，四面环攻，乱箭射城，攒如猬毛。本官守南门，鼓励各面之守者，摩厉以须，炮矢齐发，杀伤甚多，自辰至未，敌矢几尽，不意有从东北隅上者，一隅惊溃，大事遂不可为，满城屠戮，惨不可言，兵至本官前索衣，本官端坐叱骂，砍三刀，复射一箭，遂遇害。看得本官品高追古，才裕救时，宁淡褆躬，无妄言，更无妄动，真实任事，不爱钱并不爱官，自郎署以陟，清卿历任，皆尽其职掌。本道学而兼经济，当代概推其品流，请遂初服。

日依子舍，共惬英才之乐育，何期烽火之惊传，纠众同仇，秉心自靖，眠食俱废，空劳借箸之筹，兵饷两穷，谁怜无米之爨？孤城坐困，援旅不前，至于漉泣登陴，誓甘效死，厉声骂敌，义不偷生，气凌白刃，即亲在而不难于许身，节凛秋霜，虽城亡而无惭于报国。国家凡遇殉难诸臣，其赠荫祭葬俱有成例，本官生为道学主盟，死为封疆立节，与在城而不得不死者不同，应得恤典，在庙堂自有公论，非卑县所敢擅拟者也。"至戊寅二月，枢臣杨公嗣昌复奏曰："原任太常寺少卿鹿善继，养疴泉林，甘贫乐道，菽水事亲以承欢，敝袍聚徒而讲学，若将终身焉，一旦闻敌讧畿辅，使其子化麟奉其父山中避难，而躬驰入定兴县，率众为守御计。盖不独城存与存，效斯民勿去之义，而且欲人战家守，折强敌南下之谋，其素所蓄积然也。奈值县令颓靡，众心离溃，其事与愿违，止于慷慨骂敌，手持衣带而死焉。殆若有不瞑目者，虽然自野之邑，表殉国之专，留子侍亲，慰忌之恨。善继之所以死，盖不啻其难其慎，而亦几于仁至义尽矣。抚按勘明请恤，臣尤悉其生平，似当于照例赠荫之外，仍特建祠赐谥，以劝忠贞，以风顽懦者也。"奉旨鹿善继赠大理寺卿，荫一子，入监读书，仍建专祠赐谥。未几，礼部署部事左侍郎顾公锡畴，复疏请曰："查《大明会典》条例，内一款，凡在京在外，文武官员，不拘品级，其以死勤事者恩典，取自上裁，看得赠大理寺卿鹿善继恤典一节，为照本官夙负清望，其为乡评士林所推誉，非一日矣。边警突至，遂毅然以登陴，倡率自任，并矢效死，勿去之宜，却衣骂敌，正色受刃，视古书精神成仁者，何以加焉。方其奉父避难，已逆知其势难幸全，而卒守孤城，捐躯不顾，报主之忠，全亲之孝，两兼得之。诚可维风教而厉臣节者也。奉明旨赠荫，仍专祠赐谥，容纶所加丹魂应感泣重泉。按以恤例，合无与祭一坛，造坟安葬，但恩典出自朝廷，恭候命下，钦遵施行。"奉旨是，鹿善继准与祭一坛，造坟安葬。呜呼！恤终之典，有加无已。盖论行核品，而不特以死事也。虽然铉尤有憾，憾者何？阳明崛起姚江，直接洙泗嫡传，尼山之奥，因之以穷，尼山之覆，因之以发，《传习录》一书，泄露天机尽矣。阳明之后，其道在念庵，念庵之后，其道在先生。念庵之于《传习录》也，奔假而手抄之。先生之于《传习录》，索之侍御公，按吴时洞见源本，身体力行，庶几光大阳明而不第绍述之已也。假令阳明南面而享天下之崇报如文庙比，则二先生配享如颜曾比，而龙溪、绪山诸君子应退处其下尔。盖其一生学力设施，悉根于天命，天命之性，随处而在，随时而在，绝无道德事功之分，如先生借金花，履危关，及前后之随地尽职，使得展厥底蕴，而天下国家有不均乎？故先生之均，天下国家也，人皆信之。先生初以忤旨归，再以触逆党归，三以疾归，而绝意仕进，其淡然于爵禄如此，故先生之辞爵禄也，人皆信之。先生居不在城市，身不关职守，而登陴倡义，蹈刃死忠，故先生之陷白刃也，人皆信之。虽然信其均，信其辞，信其蹈者迹也，而抑知咸有不睹不闻者以主于其中，然则皆先生之寻常，皆先生之日用，中庸不可能而先生能之也。先生之文，发自性灵，而其诗，深得三百篇之旨，常恐世以文人诗人目之。自国家以辞章取士，举世皆谓舍此别无功名富贵之阶。故文人诗人四字，世不轻以许人，而人得之辄以为没世之荣，抑知富贵功名外更有所谓道德者乎？故平生无书不读，而更深心于语录，尝欲纂诸儒论著汇为一书，而未竟也，所已抄者，阳明二册，象山一册，念庵二册。盖先生所北面者，阳明也，所比肩者，象山、念庵也。故选三先生书最先，而抄亦最先。其余濂溪、明道而下皆有选，但未及抄而散佚尔。然则先生之为天地立心，为生民立命，为往圣继绝学，为万世开太平者，其用力得力，不可概见乎？先生之诱我及门士者，亦惟向此一路开发。尝谈及个中，则曰："形而上者谓之道，此所谓语上也。此段工夫，不受人知，盖无声无臭，与天载同体，人自不及知，亦不能知也。虽动静语默，未尝不与人同，而天君泰然，不为物役者，又孰从而见之乎？"善乎启泰先生之言曰，"公当大事不乱，即临小事亦未尝不全力注之。"公待小人最严，即于君子亦未尝以名义宽之，如周公顺昌，魏公大中，左公光斗，潘公宗颜，范公景文，杨公嗣昌，王公命新，张公凤翔，姚公希孟，耿公如杞，茅公元仪诸君子，皆先生莫逆交，然卒未闻一事相比。盖先生之于友，计道味不计世法，计公谊不计私情，皎然挺然，不随人俯仰。而先生之于事，论是非不论利害，论义理不论事权，渊然毅然，不因人作辍则君异所称守先儒矩矱之常，而不中事理之障，具烈士伟杰之概而不留愤激之肠者，庶几窥其堂奥矣。先生在朝言朝，在乡言乡，各有以自见，身之所值，而位育随之。然先生之位育，从中和来，先生之中和，从慎独来。夫慎独之功，鉉于《说约》见之矣，《说约》一书，句句探先圣之心法，句句针后学之顶门，非其有之，乌能言之亲切而有味乎？呜呼，世之谈学者，往往是古非今，托诸空言，而不能见诸实事，遂目理学为迂阔无当之人。至阳明与我先生儒烈不虚若此，而人始晓然于德性之用，其用无穷也，异日者，崇先生以俎豆，并列《说约》于学宫，则有主持道统之君子在。